¡Jesús Sigue Vivo Hoy!

Por Alfredo Pablo

MIAMI, FLORIDA – 2015
ESTADOS UNIDOS DE AMÉRICA

Primera Edición: Junio del 2015

ISBN: 9780692693155
U.S.A.: 692693157
Europa:978-1-4951-6120-9
Publicado por : Alfredo Pablo
Correo Electrónico: alfredopablo15@aol.com

Portada: Ingrid Porras
Autor: Alfredo Pablo
Diseño de Cubierta: Ingrid Porras
Diseño Interior y Maquetación: Fundación La Buena Noticia
Edición : Fernando Almánzar

DEDICATORIA

Dedico este libro al inolvidable Padre Emiliano Tardif,
porque me enseñó a conocer a un Jesús que está vivo.

ÍNDICE

AGRADECIMIENTOS

A mi Señor Jesús, a quien le debo la vida...

A mi esposa Ingrid. Gracias por tu amor, apoyo y comprensión.

A mis hijas Clara, Ingrid Michelle y Mari, quienes pacientemente han sabido comprender mi llamado.

Al padre Emiliano Tardif, M.S.C., quien nos llevó de la mano para conocer a Jesús.

A María Sangiovanni, quien con sus consejos espirituales y su sabiduría nos ha enseñado la fidelidad a Dios.

Al diácono Evaristo Guzmán, quien durante su sufrimiento, fruto de su enfermedad, nos enseñó a perseverar en la fe.

A mi madre, Doña Mercedes Pablo (Pupa), quien con su ejemplo me evangelizó y enseñó a conocer y amar a Dios.

A mi Padre, Don Alfredo Pablo, quién en tan corto tiempo de vida me enseñó a respetar al Todopoderoso.

A mi hermano Javier y mis hermanas María Mercedes (Tuta) y Raquel, quienes siempre me han dado su apoyo y estado conmigo dándome su orientación y cariño en mi vida.

En memoria de mi hermano José Ramón Grau, en agradecimiento por todos sus consejos y apoyo en la fundación de la Comunidad Siervos de Cristo Vivo en Los Estados Unidos. Por haberme motivado a escribir este libro, su corrección del mismo y orientación para su publicación.

A Patricia Fernández, por su ayuda en la redacción de este libro y asimismo a Dulce Miguelina Pumarol.

A mí querido hermano Yuan Fuei-Liao, quien ha tenido la paciencia y el detalle de leer y revisar este texto.

A Carmen Josefina Torrón, quien de manera desinteresada ha leído y revisado este libro dándome consejos para mejorar mi estilo.

Al periodista Fernando Almánzar por su ayuda en la revisión escrita de este libro.

Y finalmente a todos mis hermanos de la Comunidad Siervos de Cristo Vivo, por ser pacientes y comprensivos en cada etapa, de fundación, desarrollo y crecimiento de la Comunidad en la Provincia de Estados Unidos.

PRÓLOGO
POR MARÍA SANGIOVANNI

ALFREDO PABLO NOS REGALA un libro refrescante, lleno de la presencia de un Dios que se nos revela pleno de amor, bondadoso y cercano a Sus Hijos, que responde a quien le habla y le contesta con toda clase de bendiciones al que le pide con fe, esperando de Él su misericordia y su ayuda.

Un libro ameno, de fácil lectura, escrito con el ardor del evangelizador que ha tenido un encuentro personal con Su Salvador y que habiendo encontrado ese tesoro que es Jesús, ha tenido la necesidad de proclamarlo en todas partes, a tiempo y a destiempo. Un evangelizador que no ha escatimado sacrificios, ni penurias, ni cansancio, con tal de llevar la Buena Nueva a las almas.

Salpicado de numerosos testimonios, verdaderas historias de fe, de respuestas de Dios, de manifestación de Su Divina Compasión y de Su Amor Sanador, a medida que lo vamos leyendo uno se va llenando de emoción y de acción de gracias a medida que va experimentando a un Jesús que está vivo hoy, que sigue siendo el mismo de ayer, de hoy y de siempre, y al que podemos encontrar en medio de nosotros aún en las circunstancias más adversas de la vida y en las más graves enfermedades que puedan aquejarnos.

Es un libro edificante que además nos hace reflexionar en la realidad de que hemos sido salvados por el misterio de la muerte y resurrección del Señor Jesús. Él es quien nos ha reconciliado con Dios y que hoy nos sigue invitando a volver a él. Un Dios que sale a nuestro encuentro y que cuando le abrimos la puerta de nuestro corazón, también Él nos hace reconciliar con nuestros hermanos para poder vivir en una comunidad de amor.

Estas páginas, al leerlas, nos dejan el sabor del gozo que nos da el evangelizar y el poder así ser testigos de la conversión de los que se encuentran alejados de Dios, quizás la mayor alegría que podemos tener en esta Tierra tras haber encontrado al Señor en nuestras propias vidas y habernos sentido salvados por Él. ¡No hay en verdad gozo mayor que éste!

Creo que este libro, aunque de pocas páginas, es capaz de comunicar el gran mensaje de la presencia cercana de un Jesús que vive en medio de nosotros y que nos ama. Ciertamente pienso que su lectura traerá consuelo, alegría, esperanza, paz y profundo gozo a todos aquellos que lo lean. Un libro para leer y un libro para regalar.

¡Jesús Sigue Vivo Hoy!

Por Alfredo Pablo

INTRODUCCIÓN
¡NO ME PUEDO QUEDAR CALLADO!

EL ESPÍRITU SANTO SACUDIÓ MI VIDA con un poderoso toque transformador. A pesar de haber sido criado en un hogar Católico y de servir en la Iglesia desde muy niño, Dios renovó mi corazón en los años 1986 y 1987. Desde esos primeros días de renovación espiritual, mi corazón ha ardido con el deseo de ver y experimentar a plenitud la vida de Dios.

¡Son incontables las promesas que he leído en las Escrituras! Todo mi ser ha sido consumido una y otra vez por las manifestaciones que he sido testigo del Poder de Dios, las mismas que hace siglos vieron los Profetas, los Apóstoles, los primeros padres de la Iglesia, y más recientemente, los fundadores de nuestra Comunidad Siervos de Cristo Vivo.

He visto hermosas expresiones del poder de ese Dios de las promesas, del Dios del amor, del Dios de la victoria: Vidas transformadas, sanaciones, liberaciones, revelaciones de su gloriosa presencia y viva en innumerables retiros, asambleas y misas con oración de sanación. En todas estas instancias siempre ha habido una genuina obra del Espíritu de Dios y de Jesús, actuando en medio de su pueblo.

Es triste ver cómo para muchos bautizados este nuevo Pentecostés que vive nuestra Iglesia no significa mucho, sobre todo en el ambiente en el que vivimos. Por eso es importante que cada uno de nosotros se convierta en testigo de Jesús, y que como decía el padre Emiliano Tardif: *"Presentemos la Palabra de Dios con el poder que se nos da hoy, el poder del Espíritu Santo"*.

Es que cuando presentamos a Jesús con el poder del Espíritu Santo, los que están dormidos despiertan; los que están como muertos resucitan a una nueva vida; los que están tristes y amargados obtienen un nuevo gozo y una alegría de vivir, pues han encontrado a un Jesús que está vivo en medio de nosotros.

¡Cuánta razón tenía San Pablo cuando decía a los tesalonicenses que les había anunciado el Evangelio "no sólo con palabras, sino con el poder del Espíritu Santo"! Dios quiere confirmar su presencia en nosotros, y para eso nos da señales y prodigios de que Él es un Dios que está vivo hoy en medio de su pueblo.

En este libro no exponemos grandes temas doctrinales, sólo presentamos a Jesús vivo al que únicamente podemos dar a conocer con el poder del Espíritu Santo.

"Para que los hombres sepan que el Hijo del Hombre tiene poder en la Tierra para perdonar pecados", hoy Él te dice: *"Levántate, toma tu camilla y vete a tu casa"*, (Marcos 2, 10-12).

A este libro lo he titulado *"¡Jesús Sigue Vivo Hoy!"*, porque es urgente y necesario levantar la voz para contar las maravillas que el Señor ha hecho y que he visto en los últimos años.

Los testimonios que aquí comparto son como páginas del Evangelio, vividas personalmente. Son un grito de esperanza para todos aquéllos que hoy se atreven a creer que el Jesús que murió en la Cruz no se quedó en una tumba prestada: Él resucitó y sigue vivo. Hoy ese mismo Jesús continúa salvando, sanando y liberando, como lo hacía en Israel hace poco más de 2,000 años, "porque Jesucristo es el mismo ayer, hoy y siempre".

Por ti, que leerás este libro hasta el final, oro como dice san Pablo en la Carta a los Efesios 1, 17-18: *"Pido que el Dios de Cristo*

Jesús, nuestro Señor, el Padre de la Gloria, se manifieste a ustedes, dándoles un espíritu de sabiduría para que lo puedan conocer. Que les ilumine la mirada interior, para que vean lo que esperamos a raíz del llamado de Dios. Entiendan qué grande y deslumbrante es la herencia que Dios reserva a sus santos y comprendan con qué extraordinaria fuerza actúa Él en favor de los que hemos creído. Esta fuerza se ha manifestado en Cristo, cuando lo resucitó de entre los muertos y lo hizo sentar a su lado, en los cielos, mucho más arriba que todo poder, autoridad, dominio, o cualquier otra fuerza sobrenatural que se pueda mencionar, no sólo en este mundo, sino también en el mundo futuro".

¡Que el Señor te bendiga por Siempre!

CAPÍTULO I
PERDÓNAME,
SÓLO TE CONOCÍA DE OÍDAS

MI PADRE MURIÓ CUANDO YO APENAS TENÍA 13 AÑOS... Ocurrió repentinamente en un accidente automovilístico en el verano de 1965. En abril de ese mismo año, mi natal República Dominicana vivía una sangrienta Revolución Civil y la invasión de miles de tropas de Estados Unidos. Se respiraba un aire de temor y mucha inseguridad.

Mi familia vivía en la ciudad de La Romana, ubicada a unas 75 millas (125 kilómetros) al este de Santo Domingo, lejos de donde se desarrollaba la parte más dura de la guerra. Pero mi padre, temeroso de lo que se vivía en la Capital Dominicana, decidió enviar a mi hermano mayor a estudiar a un colegio en Estados Unidos.

Puesto que mi hermano Javier había sido previamente aceptado para estudiar en Vermont, era necesario trasladarse a Santo Domingo para solicitar una Visa especial de estudiantes en el Consulado General de Estados Unidos, (muy cerca del epicentro de la Revolución y desde donde operaban las fuerzas militares estadounidenses).

Mi padre logró realizar el trámite pendiente en la sede consular norteamericana, y se puede decir que hasta escapó la furia de las balas y morteros, que ocasionalmente surcaban por el aire de la Capital Dominicana. Aquel día, sin embargo, su vida tendría un desenlace fatal. Cuando regresaba a La Romana, mi padre se accidentó en su automóvil y murió en la carretera.

Hasta entonces, a mi corta edad de 13 años, siempre había escuchado decir que Dios cuidaba a los que amaba. Sin embargo, la magnitud de la súbita pérdida de mi padre me hizo sentir como si Dios se había olvidado de mí. Pensé que Él nos había abandonado...

Desde muy niño, siempre busqué de Dios. Pero yo sólo podía contemplarlo en la distancia, como los hijos de Israel que permanecieron al pie del Monte Sinaí sin poder ver al Todopoderoso mientras Él hablaba cara a cara con Moisés en la cumbre. Para ocultar mi vacío y mi malestar con Dios, traté de vivir un cristianismo de cumplimiento (donde "cumplo y miento").

En mi personalidad exterior mostraba un gozo que no tenía. Asistía a la Iglesia, en especial los domingos y en los días importantes de nuestra fe. También trataba de hacer las cosas correctamente, como ayudar a los más necesitados.

Me casé con Ingrid tan pronto terminé mis estudios. Tratamos de seguir a Dios y de ser un ejemplo para otras parejas jóvenes. Aún así, no nos dábamos cuenta de que dentro de cada uno de nosotros existía un gran vacío. ¡Una gran sed de Dios!

Recuerdo el vacío que sentí en 1985, siendo un exitoso banquero. Un día pude darme cuenta de que el hacer las cosas correctamente, como las hacía, esforzarme por ser alguien y lograr algo, sólo me brindaban una "felicidad" pasajera. Comprendí que este éxito personal era incapaz de proporcionar el gozo y la satisfacción plena que anhelaba el fondo de mi ser.

En una ocasión, leyendo el Salmo 27, 4, descubrí lo que era necesario para mi vida (y lo que el Rey David sentía): "*Una cosa al Señor sólo le pido* (eso mismo que yo buscaba) *habitar en la casa del Señor mientras dure mi vida*". Viendo la historia de David, podríamos creer que todos los éxitos de este rey eran la razón de su anhelo interior. Nada más lejos de la realidad, ya que el anhelo de David, en su búsqueda constante, era Dios. (La palabra "buscar" significa: anhelar, perseguir, ir detrás de algo con todas las fuerzas). Comprendí entonces que no conocía realmente a Dios, y por eso no era feliz.

Mi esposa Ingrid (quien al igual que yo sentía el deseo de encontrar al Dios que anhelaba y buscaba), un día llegó muy feliz y emocionada a la casa; con la alegría del que ha encontrado algo valioso, que creía haber perdido. Ingrid me contó sobre un lugar especial en donde "había encontrado a Dios", a un Dios vivo. Era la "Casa de la Anunciación", que abría sus puertas para acoger y recibir a los cansados y agobiados de estos tiempos.

En esa "casa" tenía su residencia el padre Emiliano Tardif, un misionero canadiense a quien yo no conocía. Pero por la insistencia de mi esposa decidí acompañarla al día siguiente. (Cabe destacar que la insistencia de una mujer puede ser lo más parecido a las gotas de agua que caen sobre un cántaro vacío, y que en medio de la madrugada nos llegan a despertar y hasta a desvelar desesperándonos).

Llegamos juntos a la Casa de la Anunciación, en Santo Domingo. Noté a Ingrid con tanto gozo, que el brillo de sus ojos parecía decirlo todo. Su alegría me envolvía de tal forma que sentí el deseo de entrar rápidamente al salón principal. De pronto, me detuve a pensar, y me di cuenta de que lo que ella me había relatado resultaba para mí un poco fuera de lo común. Como católico tradicional, nada de aquello podía ser cierto. Mi reacción fue rápida y llena de dudas. Empecé a hacerle preguntas: *"¿Una casa de oración?; ¿Una capilla?; ¿Vive un sacerdote?; ¿El Santísimo está expuesto?".*

Mi sorpresa fue mayor al recordar que ella me había dicho que oraban por los enfermos imponiéndoles las manos. En mi mente había muchas más preguntas que respuestas. No obstante, el entusiasmo de mi esposa era tal que sin darme cuenta ya habíamos entrado por completo a la "Casa de la Anunciación".

Ese primer día allí, yo dirigía mi mirada hacia cada rincón, examinándolo todo, como queriendo encontrar respuestas a todas las preguntas que circulaban por mi mente. De pronto, desde una capilla salió un sacerdote que, dirigiéndose a mí con un acento francés (lo cual me resultó un poco extraño), me saludó y me dijo: *"¡Hola! ¿Qué hace usted aquí? ¿Quién eres?"*. Y sin darme tiempo a responder, él me invitó a participar en la Misa de Sanación pautada para celebrarse ese mismo día.

Esa tarde, por primera vez en mi vida, fui testigo del poder de Dios derramarse en los corazones de los que estábamos allí. Era la primera vez que oía orar en lenguas extrañas y escuchar la expresión: *"¡Jesús está vivo!"*

Todo era nuevo para mí, y me surgían muchas preguntas y dudas frente a todos los hechos que estaban sucediendo en la Eucaristía que celebraba aquel sacerdote. Si bien es cierto que me era difícil aceptar lo que estaba viendo con mis propios ojos, ese día también descubrí que Dios quería algo más de mí. Dios quería que le conociera, que le buscara, pero que esta vez lo hiciera "de todo corazón", como dice Jeremías 29, 13: *"Me buscaréis con todo vuestro corazón"*.

De pronto, me vi aceptando una invitación del Padre Tardif para "ayudarlo" en una Misa de Sanación que se celebraría en un gimnasio de un barrio de Santo Domingo. Recuerdo que me dijo: *"Tú vienes conmigo y me ayudarás a cruzar entre la multitud"*. Como desconocía el impacto de su ministerio, pensé dentro de mí: *"¿Y éste pensará que es Michael Jackson y que necesita escolta?"*; pero sin dudar un momento, acepté su invitación.

¡Tenía tantas dudas de las sanaciones y del don de la palabra de conocimiento que quería respuestas! En lo profundo de mi interior pensaba que lo que sucedía con los que decían que se sanaban, era sólo producto de una componenda entre el Padre Tardif y algunos miembros del público presente que le daban datos y detalles de los participantes, para que los que asistíamos a la Eucaristía pensáramos que era Jesús que les sanaba.

Esa tarde, sin embargo, aunque estuve atento a él y a todos sus movimientos, pude darme cuenta de que nadie le pasó ningún papel con información al Padre Emiliano. Al final del encuentro -creo que el Señor le reveló mis dudas al Padre Tardif- sin perder tiempo me dijo: *"Te invito a un Seminario de Vida en el Espíritu"*. Y yo, todavía titubeando lleno de incertidumbre pensé: *"¿Es que también el padre es espiritista?"*.

¡Todo era tan nuevo para mí! Era difícil darme cuenta de que tenía que descubrir a Jesús de una manera nueva, que tenía que dejarlo salir de la "tumba" en la que mi corazón estaba enterrado por las heridas que traía contra Dios causadas por la muerte de mi padre, y que no me dejaban ver al Señor presente, resucitado, vivo.

Sin embargo, atraído por la invitación del Padre Tardif, decidí asistir al Seminario de Vida en el Espíritu, en donde no me presentaron a ningún brujo ni a ningún espiritista: ¡Me presentaron el amor de Dios y la salvación ofrecida por Él a través de su Hijo Jesús!

Aquella predicación me hizo entender que, arrepentido de mi vida de pecado y perdonado por la infinita misericordia de Dios, necesitaba abrirme a la nueva vida que se me ofrecía.

Ese fue el día cuando llegó lo que llamo mi "Pentecostés personal". Recuerdo que mientras escuchaba los temas de aquel retiro, mis ojos espirituales y mi corazón se iban abriendo a verdades que antes ni siquiera me había detenido a considerar. Llegó el momento en el que pedirían por mí para ser "bautizado en el Espíritu". Me quedé sentado, tranquilo pero anhelante, y le dije a Jesús: *"Señor, si tú quieres que yo te reciba, que se cumpla la promesa del profeta Ezequiel 36, 26-27, que alguien venga aquí donde estoy sentado y me imponga las manos"*.

No había terminado de expresarle mi deseo a Dios cuando en ese mismo instante escuché una profecía pronunciada por una hermana que decía: *"Tengo miedo del Dios que pasa y no vuelve"*. De inmediato, alguien impuso sus manos orando sobre mí pidiéndole en oración a Dios que derramara su Espíritu Santo sobre mí.

Ese día escuché en mi interior estas palabras: *"Les daré un corazón nuevo y pondré dentro de ustedes un espíritu nuevo. Les quitaré del cuerpo el corazón de piedra y les pondré un corazón de carne".* Era Jesús quien me estaba arrancando ese corazón herido, y cambiándolo por un corazón sanado; me estaba regalando una unción nueva de su Santo Espíritu. Fue entonces cuando exclamé con corazón arrepentido y le dije: *"¡Perdóname, Señor, porque sólo te conocía de oídas!".*

CAPÍTULO II
PADRE EMILIANO TARDIF:
EL BURRITO QUE LLEVÓ
A JESÚS POR EL MUNDO

EL PADRE EMILIANO TARDIF NACIÓ EL 6 DE JUNIO DE 1928 en Saint Zacharie, Quebec, Canadá, en el seno de una familia numerosa de 14 hijos, siendo él el noveno hijo de Leónidas Tardif y Anna LaRochette.

El día de su nacimiento todos esperaban lo peor, pues temían la muerte tanto de la mamá como la de la criatura. Por eso, en casa estaban presentes dos médicos y el sacerdote de la parroquia a la que asistía la familia.

La madre del Padre Emiliano, Doña Anna, según los galenos no estaba en condiciones de dar a luz. En un momento el médico hasta le aconsejó que no saliera embarazada. Ante esta sugerencia, Doña Anna dijo: "Más vale morir en gracia que morir en pecado. Prefiero sacrificarme y que nazca mi hijo".

El Padre Emiliano un día nos comentó: "Si mamá hubiese rehusado ese embarazo, hoy yo no estuviera aquí"; por eso el legendario sacerdote siempre fue un tenaz defensor de la vida.

En su libro "El Padre Emiliano – Un Hombre de Dios", María

Sangiovanni Armenteros nos narra lo siguiente: "En múltiples ocasiones, le escuchamos hablar [al Padre Tardif] en contra del aborto, y recuerdo cómo siempre se le quebraba la voz cuando se refería a aquellas mujeres que embarazadas, en vez de ocuparse en prepararle una cunita a sus hijos, lo que les preparaban era un bote de basura".

Él ponía su propia vida de ejemplo. Como compartía su experiencia como testimonio, los corazones que lo escuchaban eran fuertemente tocados por su palabra "Yo no estaría vivo si no hubiese sido por la fe inconmovible de mi madre que decidió correr el riesgo de su propia vida". Cuando el Padre Emiliano decía esto, nosotros también nos sentíamos agradecidos y bendecidos por la generosidad de su buena mamá.

El Padre Emiliano Tardif nos solía contar cómo sintió el llamado que el Señor le hizo a ser misionero. él recordaba con frecuencia: "Tenía 12 años cuando escuché en la parroquia a la que asistía junto a mi familia, a un sacerdote dominico que se despedía de la comunidad porque partía para las misiones de Japón". El ardor misionero del joven sacerdote tocó lo más íntimo del corazón de aquel niño que escuchaba, y lo hizo arder en el anhelo de algún día poder el también convertirse en misionero. "Yo pensaba -decía el Padre Tardif- que me gustaría hacer lo mismo que ese sacerdote".

Un año después, teniendo sólo 13 años, fue recibido en Quebec en un seminario fundado en 1920 por Misioneros del Sagrado Corazón, y donde vivía su hermano Armando, también religioso. En ese lugar recibió su educación primaria y secundaria, entre 1941 y 1948; siendo eventualmente recibido en el noviciado (junto a otros nueve compañeros), el 8 de septiembre de 1948.

Precisamente para entender el corazón y la vocación de este gran hombre de Dios, reproducimos un extracto del libro escrito por María Sangiovanni Armenteros, y compartida por el Padre Darío Taveras, quien fue su Provincial al momento de su muerte. El siguiente texto de la carta enviada el 3 de julio de 1952 por el Padre Emiliano Tardif a su Superior Provincial que decía:

"Deseo sinceramente consagrarme a Dios en la congregación de los Misioneros del Sagrado Corazón para servirle como religioso y como sacerdote. Después de pedir las luces del Espíritu Santo y, después de haberlo reflexionado mucho, yo le pido, Reverendo Padre, la admisión a los votos perpetuos. Mi confesor me anima a seguir la vocación de Misionero del Sagrado Corazón. Ese es mi más vivo deseo".

El Padre Tardif hizo su profesión perpetua el 8 de septiembre de 1952, y fue ordenado sacerdote por manos de Monseñor Desmaris, Obispo de Amos, el 24 de junio de 1955 en la Parroquia de Rapide Danseur de Abitibi, donde vivía su familia.

Su ordenación fue todo un acontecimiento en la región agrícola de Rapide Danseur. Ya en diciembre de 1955, siendo sacerdote ordenado, el Padre Emiliano le solicitó a su Superior Provincial un traslado a República Dominicana para servir como misionero, y en especial, servir a las personas más pobres y privadas de los sacramentos. No obstante, no fue hasta el 16 de septiembre de 1956, cuando su sueño de ser misionero se hizo realidad cuando finalmente pisó suelo dominicano.

Sangiovanni Armenteros, nos contó como nota curiosa que 50 años después de su ordenación, estando el Padre Emiliano predicando en un retiro en Japón, se encontró con aquel Padre dominico que lo inspiró a convertirse en misionero. A pesar de la avanzada edad del sacerdote dominico, éste permanecía siendo misionero en ese país asiático.

Fue una gran alegría para el Padre Emiliano Tardif, encontrarse con aquel misionero y contarle cómo aquel sermón que impartió hacía cinco décadas en su misa de su despedida, había sido la llama que despertó su llamado a su vocación sacerdotal.

El Padre Emiliano relató que al escuchar su historia el Misionero dominico exclamó de forma jocosa: "Entonces ya puedo decir que en mi vida al menos mi predicación produjo un milagro, la vocación del Padre Tardif".

Así que al regresar a República Dominicana, el Padre Tardif se entregó al trabajo misionero en las diferentes áreas de su congregación, los Misioneros del Sagrado Corazón (M.S.C.). Durante de todos sus años de trabajo en República Dominicana nunca escatimó los esfuerzos en su obra evangelizadora, siempre con un deseo grande de ayudar a todos, en especial a los más necesitados del alma y el cuerpo.

Era el año 1972, y a través de unos sacerdotes dominicos procedentes de Estados Unidos, se impartió un retiro carismático en la ciudad de Santo Domingo, al que asistieron sacerdotes religiosos y laicos, comenzando así, como un pequeño grupo, la experiencia de la Renovación Carismática. La realidad, según María Sangiovanni, es que muy pocos sacerdotes se animaron con el mensaje recibido siendo los laicos quienes de una manera muy sencilla, lo acogieron y se abrieron a la acción del Espíritu Santo. Dentro de ese grupo, que no comulgaba con la Renovación Carismática, estaba el Padre Emiliano Tardif.

Siendo éste el Provincial de su congregación, los Misioneros del Sagrado Corazón en República Dominicana, un año más tarde cayó enfermo de tuberculosis. El mismo Padre Emiliano relató en su libro, *"Jesús Esta Vivo"*, lo siguiente: "Había trabajado demasiado, abusando de mi salud en los 16 años que tenía como misionero en el país. Pasé mucho tiempo en actividades materiales, construyendo iglesias, edificando seminarios, centros de promoción humana, de catequesis, etc. Siempre estaba buscando dinero para edificar casas y para dar alimentos a nuestros seminaristas. El Señor me permitió vivir todo ese activismo y por el exceso de trabajo caí enfermo. El 14 de junio de ese año [1973], en una asamblea del Movimiento Familiar Cristiano, me sentí mal, muy mal. Tuvieron que llevarme inmediatamente al Centro Médico Nacional [de Santo Domingo]. Estaba tan grave, que pensaba que no podía pasar la noche. Creí realmente que me iba a morir pronto. Muchas veces había meditado sobre la muerte y predicado sobre ella, pero nunca había hecho el ensayo de morirme, y esto no me gustó. Los médicos me hicieron análisis muy detenidos detectándome tuberculosis pulmonar aguda. Al ver que estaba tan enfermo, pensé volver a mi país, Quebec, Canadá, donde nací y vivía mi familia. Pero estaba tan delicado que no podía hacerlo entonces. Tuve que esperar 15 días bajo tratamientos con reconstituyentes, para realizar el viaje".

El Padre Tardif continuó: "El mes de julio se lo pasaron haciendo análisis, biopsias, radiografías, etc. Después de todos estos estudios, confirmaron de manera científica que la tuberculosis pulmonar aguda había lesionado gravemente los dos pulmones. Para animarme un poco me dijeron que tal vez después de un año de tratamiento y reposo podía volver a mi casa".

Mientras el Padre Emiliano Tardif se encontraba hospitalizado, un día recibió la visita de cinco laicos de la Renovación Carismática, y que le pidieron permiso para orar por él. ¡Qué curioso!, como diría el Padre Emiliano: "Siempre me había burlado de los Carismáticos y ahora ellos venían a orar, venían a orar por mí". Pero ellos, convencidos del poder de Dios le dijeron: "Vamos a hacer lo que dice el Evangelio en Marcos 16:18, 'impondrán las manos sobre los enfermos y quedaran sanos' ".

Fue entonces cuando el Padre Emiliano Tardif empezó a sentir un fuerte calor en sus pulmones que lo hizo pensar que le volvía un nuevo ataque de tuberculosis y que moriría. Pero no fue así, era que en ese momento Jesús le estaba sanando sus pulmones de la tuberculosis. En ese momento, uno de los laicos que oraba recibió una profecía en la que le decía al Padre Tardif que Dios haría de él, un testigo de su amor.

A los pocos días, y debido a su gran mejoría (pues los médicos ya no encontraban rastro de la enfermedad), decidieron darle de alta. Jesús había sanado sus pulmones, sorprendiendo a los médicos y de tal forma que el Padre Emiliano decía en su libro, *"Jesús Esta Vivo"*: "El Señor me había sanado. Mi fe era muy pequeña, tal vez del tamaño de un grano de mostaza, pero Dios era tan grande que no había dependido de mi pequeñez".

Mientras esto ocurría, se empezó a comentar, afirmó María Sangiovanni, en su libro *"Emiliano Tardif – Un Hombre de Dios"*, "que en Canadá a un Padre Misionero del Sagrado Corazón, que trabajaba en República Dominicana, el Señor lo había sanado de tuberculosis y que venía a trabajar en la Renovación Carismática, pues había sido nombrado párroco de Nagua".

Agregó María: "Al principio no supimos su nombre, pero cuando finalmente me dijeron que se trataba del Padre Tardif, debo confesar que mi primera reacción fue '¡Ay, Señor!, ¿por qué no sanaste a otro?' ". Según María Sangiovanni, ella usó esa expresión porque anteriormente el Padre fue uno de los sacerdotes y religiosos que manifestó su objeción a las expresiones y manifestaciones carismáticas. Pero tal y como ella lo afirma: "Dios no se equivoca. Era a este nuevo Pablo que el Señor derribaba para levantarlo después, llevarlo a ser luz para las naciones".

La experiencia de su sanación abrió los ojos espirituales de la fe del Padre Emiliano. Así el Señor lo fue llamando a ser canal de su amor para los enfermos del cuerpo, del alma, y del espíritu.

Por mi parte, yo soy testigo de esto y vi muchas veces en los servicios de sanación que paralíticos se levantaban, ciegos recuperaban la vista, sordos volvían a escuchar, enfermos se sanaban, y al ser confirmados los testimonios de las sanaciones recibidas, siempre terminaba lanzando un hermoso grito: "Jesús Esta Vivo".

Recuerdo un día, años más tarde, cuando el Padre Emiliano nos visitó en nuestra casa en el sur de Florida, y al ver la cantidad de personas que se congregaban, me dijo: "Esto es una locura, te van a destruir la casa. ¿Por qué no iniciamos la Comunidad aquí en esta ciudad?"

Esa noche el Padre Emiliano durmió en nuestra casa. Al día siguiente y muy temprano en la mañana, me tocó la puerta de mi habitación y me dijo "¡Levántate, vamos!"... Y yo le respondí: "¿A dónde vamos, Padre?"; "A buscar una casa para abrir la Comunidad aquí en Miami", contestó el Padre.

Acto seguido, salimos y dimos a penas algunas vueltas alrededor del barrio de Doral, (la localidad donde aún resido), haciéndome detener en una casa que mostraba un letrero de "Se Alquila". Nos detuvimos y entramos, siendo recibido por su propietario. La casa era grande, pero lo que más le atrajo al Padre fue el amplio patio que tenia. El Padre Emiliano lucia entusiasmado y feliz, parecía un niño recibiendo un regalo el Día de los Reyes Magos.

De pronto nos vimos cerrando un negocio para rentar la propiedad. El Padre Emiliano siempre dejaba la impresión de que la vida es corta, el tiempo apremia y no se podía perder. Al ver mi sorpresa de lo que había que pagar mensualmente, y la cantidad de dinero requerido en depósito, el Padre mirándome a los ojos, me dijo: "No te preocupes, yo les ayudo con el pago de la renta de los primeros seis meses". Así que al oír su aporte, me quedé tranquilo. Se preparó un contrato al vapor y lo firmamos, dejando en depósito el equivalente de dos meses de la renta.

Una vez concluida la negociación, me dijo: "Vamos a casa de Carlos Maya (a quien el Padre Emiliano menciona en su libro *"Jesús Está Vivo"* y quien fue liberado del alcohol) a buscar el dinero para pagar los seis meses de renta que te prometí. Abordamos el carro y manejamos por las calles de Miami hasta llegar a una zona que se conoce como Sweetwater, y donde viven una gran cantidad de inmigrantes Nicaragüenses.

Llegamos a casa de Carlos, le saludamos y de inmediato el Padre Emiliano le dijo: "Carlos, vamos al garaje, para que le entregues el importe de la renta a Alfredo. Sabes, acabamos de alquilar una casa para establecer allí la Comunidad Siervos de Cristo Vivo". Me di cuenta por su mirada que Carlos lucia sorprendido, y exclamó: "Padre Emiliano, no sé de qué dinero me habla, pues aquí no guardo nada". Sin embargo, el Padre Emiliano, quien estaba familiarizado con la casa de Carlos, nos condujo al garaje a los dos.

Al entrar en el garaje observé una cantidad de cajas recostadas contra las paredes laterales del carro. Pero al mirarlas fijamente, pude leer el texto del libro *"Jesús Está Vivo"*. Entonces el Padre

Emiliano dijo: "Alfredo, toma 50 cajas de libros *"Jesús Esta Vivo"*, los vendes y con eso pagas la renta de los próximos seis meses".

El 3 de junio de 1993, con una misa presidida por el Padre Emiliano Tardif, a la que asistió una multitud de más de 5,000 personas, inauguramos esa casa, nuestra primera casa de oración, a la cual bautizamos con el nombre de "La Anunciación". Era el anuncio de la llegada del Mesías a la ciudad de Miami. La presencia de esa gran multitud ocasionó que los vecinos se quejaran a la policía, y minutos más tarde se apersonaron al lugar más de 10 agentes del orden con el propósito de detener ese evento.

No obstante, al darse cuenta de que se trataba de una actividad religiosa, nos permitieron continuar con la Bendición de la Casa. Pero en vista de que las leyes de zonificación no permitían establecimientos religiosos o iglesias en áreas que no tuvieran como mínimo dos acres de terreno, (y que esta casa no cumplía con el área requerida) el local fue clausurado.

Finalmente en febrero de 1997, logramos establecer (en la misma zona de Doral), nuestro local actual "Casa de La Anunciación", siendo también bendecida por el mismo Padre Emiliano Tardif.

Fueron muchas las veces que el Padre Emiliano nos visitó, pero en cada uno de sus viajes, nos sorprendía con uno de sus afanes por el Evangelio. Ya mucho antes de que él llegara, todos estábamos esperando alguna de las sorpresas.

Así fuimos aprendiendo que podíamos ser predicadores, en las plazas, en las calles, en los auditorios, escuelas, centros comerciales, etc. Que podíamos ser profesores, cuando él fundó uno de sus más hermosos legados "La Escuela de Evangelización", que podíamos administrar, colocando las casas de oración bajo nuestras responsabilidades.

En fin, era tanto su entusiasmo que nos contagiaba, nos estimulaba para aceptar retos por nosotros mismos que nunca antes hubiéramos aceptado. No importaba cuan cansado llegaba de su viaje, siempre su sonrisa era su más hermosa presentación y saludo.

él era para nosotros como un padre (en mi caso personal, así fue, pues perdí al mío a la edad de 13 años), pero también era uno de los nuestros. Sin perder su figura de pastor, sabía ponerse a nuestro nivel para hacerse sentir como uno más en el grupo. Así descubrimos su buen humor como también su camaradería. Recuerdo que siempre que llegábamos de un encuentro, se sentaba con nosotros a compartir, recoger materiales o a poner en orden todas las cosas.

Su corazón de niño lo hacía sentir como parte de nuestra familia. Cada noche, Ingrid, mi esposa, como buena mamá, le preparaba un vaso de leche fría con galletitas Oreo, que le encantaban. Nuestras niñas eran sus hijas y para cada una de ellas, el era su "abuelo". Realmente, el Padre Emiliano le gustaba estar y sentirse parte de nuestra familia siempre que nos visitaba.

Termino este capítulo diciendo que todavía guardo en mi corazón tantos recuerdos y cosas que podría contar sobre este gran hombre de Dios; su apostolado, su ministerio y vida, que pienso que faltarían muchas más páginas por escribir, y que un día haré. Pero no siendo el propósito de este libro resaltar su vida, he dejado plasmado algunos rasgos de él. ¡Dios lo tenga en la gloria!

CAPÍTULO III
ECUADOR, EL PUNTO DE PARTIDA

SEGÚN LA CARTA A LOS HEBREOS 11, 1. *"la fe es la garantía de lo que se espera, la plena certeza de las realidades que no vemos".* La fe agrada a Dios. Esa certeza está en nuestros corazones. El profeta Abraham, por ejemplo, aprendió a confiar en que Dios lo guiaría a dar un paso a la vez. Su historia empieza en Génesis 12, 1, cuando el Señor le dice: *"Deja tu país, a los de tu raza y a la familia de tu padre, y anda a la tierra que yo te mostraré".*

Leyendo esta cita bíblica, notará que Dios sólo le indicó a Abraham cómo dar el primer paso: No le informó cuál sería el segundo, ni tampoco los siguientes. Quizás le haya pasado como a mí que no me atrevía a hacer lo que Dios me pedía, hasta no entender primero cuáles iban a ser los pasos siguientes en mi vida de fe.

Luego de tener mi encuentro con Jesús, pensé que eso era "todo" lo que pasaría con mi vida. Aún no había entendido que Él quería mucho más de mí y que encontrarlo era sólo el principio.

La segunda lección suya fue enseñarme a dejarme conducir por su Espíritu. Creo que si me lo hubiera dicho en palabras, me hubiese asustado y salido corriendo, alejándome; pero la verdad es que Él, como buen Maestro, nos enseña una lección tras otra.

En el año 1987, trabajaba para una institución financiera

internacional en República Dominicana. Dios me había ayudado a escalar posiciones muy rápidamente en mi carrera profesional, lo que hacía que estuviera constantemente sometido a nuevos y frecuentes entrenamientos en diferentes países latinoamericanos.

Ese año, fui enviado a Ecuador para a tomar un programa de Auditoría Bancaria. Llegué un domingo en la tarde a Quito, la Capital, y luego de instalarme en el hotel, decidí buscar una iglesia para participar de la Eucaristía Dominical.

Afortunadamente había un templo a tres cuadras del hotel. Llegué a la misa a las 7 p.m. de la noche, cuando apenas se iniciaba la celebración. Para ese entonces, ya me había acostumbrado a gozar de las misas carismáticas de la Comunidad Siervos de Cristo Vivo, pues me había hecho un asiduo participante de las actividades de la Casa de la Anunciación.

Pero ese día sentí que en esa parroquia parecía como si Jesús no estuviera vivo en el corazón de los feligreses, pues observé que el sacerdote tenía que hacerlo todo: Animar, tocar el órgano, cantar, predicar y hacer la colecta, mientras la gente permanecía impasible, indiferente.

Aquello -pensé- era un ambiente muy apagado y triste: No se veía esa alegría carismática a la que ya me había habituado a vivir en la Santa Misa: Una verdadera celebración de nuestra fe.

En el momento de la liturgia cuando se canta el "Gloria", noté que una pareja de esposos, de unos cincuenta años de edad, levantaron los brazos tal y como lo hacen los carismáticos. Así que al finalizar la misa, opté por acercarme y preguntarles si pertenecían a la Renovación Carismática, pues había observado sus gestos en el momento del "Gloria". Ellos me contestaron que sí.

La señora, al darse cuenta de mi acento caribeño, inmediatamente me preguntó mi procedencia. Le dije que venía de República Dominicana. Enseguida ella respondió, lanzando un grito: "¡Ah, Tardif!". En forma jocosa, le contesté que no, que había llegado temprano, no "tarde". Pero de nuevo, ella cortó mi respuesta y preguntó si conocía al Padre Emiliano Tardif. Lamentablemente, tratando de impresionarla y como para darme importancia, le dije que precisamente yo venía de su Comunidad (aunque apenas hacía pocos meses que asistía a la Casa de la Anunciación).

Hay momentos en que Jesús permite que nos lancemos en el vacío para poder usarnos y enseñarnos. Creo que eso fue lo que pasó con mi respuesta, pues tan pronto Charito (así se llamaba la señora) escuchó que yo venía de la comunidad del Padre Tardif, me invitó a un grupo de oración, al que participaban. La verdad es que como ya me había lanzado, no me podía devolver; por lo que acepté, no sólo a participar, sino a dirigir la prédica de la noche, el próximo día.

Al día siguiente llegaron por mí a buscarme. El grupo se congregaba en la casa de un miembro de la Renovación Carismática, en un barrio de Quito, que es una ciudad ubicada entre montañas. Dado su clima frío, la mayoría de las casas tienen un sótano. Así, pues, la asamblea se celebraba en un sótano, al que asistían unas 50 personas.

Les confieso que nunca antes había predicado, ni siquiera sabía cómo abrir una Biblia en el libro adecuado, ya que conocía muy poco de la Palabra de Dios, que apenas empezaba a estudiar. Así que dada las circunstancias y el "gran lío" en el que me había metido, con una Biblia prestada preparé rápidamente un tema "al vapor" usando San Juan 3, 16: *"Tanto amó Dios al mundo, que entregó a su Hijo único, para que todo el que crea en Él no se pierda"*.

Ahí no quedó todo: Al terminar la reflexión, la hermana Charito tomó el micrófono en sus manos y anunció que como "yo venía de la Comunidad del Padre Emiliano Tardif", yo oraría por los enfermos. Fue entonces cuando me llené de temor. Pero luego, reaccionando me dije: *"Tengo que seguir con el papel que estoy haciendo, pues si no, quedaré en ridículo"*.

De inmediato noté que delante de mí ¡se formó una fila de 20 personas! Un poco asustado recordé que el Padre Emiliano imponía las manos y decía algo raro, en un lenguaje extraño. Así lo hice, tratando de usar ciertas expresiones para hacer creer que podía orar en lenguas. En un momento, mientras imponía las manos, fui detenido por los gritos de una niña de apenas unos seis años. Los gritos eran tan fuertes, que decidí detener la oración y preguntarle a la madre la razón de llantos de su hija; a lo que la niña respondió, que mientras yo oraba por su tía e imponía mis manos, ella veía cómo una bola que estaba en el seno derecho de su tía, desaparecía. Al oír esto, para mis adentros me pregunté: "¿O esta niña no desayunó o le dieron a fumar marihuana?". Para ser honesto, yo no podía creer que Dios estuviera actuando a través de mi oración.

Hoy sé y estoy convencido de que cuando Jesús nos dice que vayamos en cierta dirección para hacer su obra, Él nos da el poder que necesitamos para hacer lo que nos manda. Él no va a decir: "¡sólo hazlo!", sino que siempre nos equipará para cumplir la tarea por delante. Precisamente ése era mi problema en aquel momento: No creer que Él podía hacerlo a través de mí.

Esa noche regresé al hotel muy asustado y preocupado por lo que pudieran pensar los que asistieron al grupo.

Al terminar el curso de formación como Auditor Bancario, regresé a República Dominicana. Muy pronto tendría que aprender que Dios nunca deja nada incompleto: Él me estaba enseñando a creer y a confiar.

Exactamente ocho meses después de aquella experiencia, recibí una llamada de la Superintendencia de Bancos del Ecuador, invitándome a ir de nuevo a Quito, ya no como participante sino como formador del personal de dicha institución. Mi primera reacción fue negativa, pues no tenía deseo de volver, y creo que, en el fondo de mi corazón, tenía miedo de regresar a aquel grupo de oración.

Inicialmente me ofrecieron cubrirme los gastos de viaje y la estadía, a lo que me negué; pero luego insistieron y ofrecieron pagarme la suma de $500 dólares diarios durante un período de 10 días. La oferta fue tan tentadora que no pude resistir.

Acepté volver al Ecuador, y me dije: *"Pero esta vez no me hospedaré en el mismo hotel, pues no quisiera tener que volver a participar en el grupo de oración"*. Tenía miedo, así que opté por hospedarme en otro hotel localizado a unas cinco millas del anterior.

Llegué nuevamente a Quito un domingo por la tarde del mes de junio de 1988. Llegué a la recepción del hotel y procedí a registrarme. Me entregaron las llaves de mi habitación y fui a acomodarme en ella. No pasaron ni dos minutos cuando el teléfono de la habitación empezó a sonar. Las dos primeras veces que timbró opté por no levantarlo, pensando que esas llamadas quizás le correspondían al huésped anterior. Pero los timbrazos continuaron por lo que decidí levantar el auricular para informar que yo era un nuevo huésped, y que el anterior ya se había marchado.

¡Grande fue mi sorpresa al escuchar la voz de Charito! Me saludó, agregando a este saludo su reclamo por no haberle avisado de mi viaje. No le dije que había tomado esa decisión de no avisarles (más bien de esconderme), pues no quería tener que volver a vivir lo mismo de la vez anterior.

Eso pensaba yo, pero ¡Jesús quería otra cosa! Sorprendido de esa llamada, le pregunté a Charito cómo se había enterado de mi llegada. Me respondió que la señorita que me había registrado era su hija y al ver mi nombre se lo había avisado. De inmediato, agregó: "Mañana pasamos por ti para ir al grupo". Nuevamente, yo no pude negarme a asistir, pues había faltado al no avisarles de mi viaje.

¡Qué humor tiene Jesús! ¡Qué caminos tan sorprendentes! Cambiando de hotel, quise huir de Charito y su grupo de oración y él me tiró en el mismo medio de su camino a través de la hija.

Al día siguiente pasaron por mí. Llegamos a la casa donde habíamos estado anteriormente, pero esta vez había más personas presentes en ese lugar. Una vez terminada la enseñanza, Charito pidió testimonios de lo que el Señor estaba haciendo. Esa noche, Jesús quiso mostrarme algo grande, para que creyera que Él es quien sana, y que cada uno de nosotros apenas somos sus instrumentos inútiles, a pesar de nuestras miserias.

Entre los testimonios, habló la señora que conocí ocho meses antes cuando fui sorprendido por los gritos de su sobrina. Nos contó que esa primera noche que oré por ella, asistió al grupo para pedir oración, ya que en los días siguientes estaba programada para una cirugía con el fin de extirparle su seno derecho, pues tenía un tumor canceroso. Así que el día después de que oramos, ella visitó a su doctor y le pidió que la examinara antes de la cirugía. La razón: Ella estaba convencida de que Jesús la había sanado.

Esa noche la mujer llevó al grupo de oración las pruebas y los estudios que mostraban que no existía rastro alguno de tumor canceroso en su seno. Ese día entendí las palabras de Jesús cuando le dijo a Tomás: *"Dichosos los que no han visto y sin embargo creen"* (San Juan 20, 29).

CAPÍTULO IV
ESTADOS UNIDOS, MI MISIÓN

LEÍ EN EL LIBRO DE GÉNESIS, CAPÍTULO 12, las instrucciones que Dios le dio a Abraham, pidiéndole algo difícil: *"Abraham, recoge tu tienda, deja este país que conoces bien, deja a tu familia y a todos tus parientes, y ve adonde yo te guíe"*. Me dije a mí mismo: *"Ojalá Dios me hubiese hablado así antes de mudarme a Estados Unidos"*.

En mi caso fue todo lo contrario, pues no fue Dios quien me instruyó con palabra audible. Fui yo quien me dijo: *"Alfredo Pablo, es tiempo de caminar por ti mismo, renuncia de tu puesto en este banco y múdate a Estados Unidos, pues ahí te irá bien, tú puedes. En este país [República Dominicana] las cosas seguirán igual, pero con esa capacidad y talento que tienes, a ti te irá bien"*.

Eso pensé, y qué tonto fui. Pues olvidé las palabras de Jesús que nos dice en San Mateo 10, 29-30: *"¿Cuánto valen dos pajaritos? Algunos centavos, ¿no es cierto? Y, sin embargo, no cae a tierra ni uno solo, si no lo permite el Padre. Entonces no teman, pues hasta los cabellos de sus cabezas están contados"*.

En el año 1990, como mencioné anteriormente, trabajaba para una institución financiera internacional en Santo Domingo. En ese trabajo ganaba un buen salario y gozaba de muchos beneficios; el éxito estaba conmigo. Por la posición que ocupaba, viajaba frecuentemente a Estados Unidos, y en aquel tiempo mi natal

República Dominicana atravesaba por una fuerte crisis económica. Este fenómeno había limitado el acceso a los mercados financieros internacionales, manifestándose en una alta devaluación de la moneda nacional, y una grave crisis energética, laboral y de los servicios básicos. Había una gran escasez de combustible, agua potable y alimentos. Era tal la situación, que aún teniendo los recursos para pagar los productos y servicios necesaria, pocos podían obtenerlos.

Recuerdo las largas filas en las gasolineras para poder abastecer los vehículos para moverse y llenar los tanques de gasoil y/o gasolina para alimentar generadores portátiles de electricidad para iluminar sus casas. La delicada situación hacía que se respirara un aire de inestabilidad en el ambiente.

Un día del mes de febrero, regresando de un viaje que realicé a Chicago como parte de mi trabajo, nadie pudo recogerme en el aeropuerto porque los carros de la casa carecían de combustible para moverlos. Me vi obligado a recurrir a un taxi y esa noche llegué a mi casa oscura en medio de un "apagón". La energía eléctrica tenía cinco días que no "visitaba" mi hogar.

Aunque estábamos habilitados con un generador eléctrico portátil, un pozo y cisterna de agua, y una bomba para sustraerla, nada funcionaba… Carecíamos del combustible necesario para ponerlos a funcionar. Esa noche me sentí impotente, incapaz de resolver o de encontrar alguna solución, por lo que empecé a llenarme de ira.

Recuerdo que pensé y me dije: *"¿Qué hago ganando miles de dólares, teniendo una buena casa, con empleados que me sirven y todas las comodidades, si en este país no existen todas las condiciones básicas para vivir; si en apenas dos horas de vuelo está Miami, donde sin tanto recursos al menos puedo vivir, puedo bañarme, dormir, descansar, tener calidad de vida como lo desea Dios para mí?".*

Ese pensamiento sin darme cuenta fue creciendo dentro de mí hasta convertirse en mi gran proyecto. ¡Qué tonto fui! Creyendo que eran mis pensamientos, mi proyecto. No me di cuenta que

Dios estaba arreglando las cosas. Él me estaba encaminando para "su proyecto" y un plan que había preparado, inclusive desde antes de que yo fuera concebido en el vientre de mi madre. Dios estaba poniendo ciertos deseos en mi corazón, y olvidé orar y de pedirle que me hablara.

Dios nos habla por medio de los deseos de nuestro corazón. Pero estos deseos, entiendo hoy, no venían de mi propio yo o de mi propia carne: Este anhelo que sentía venía de su Espíritu. Dios puede hablarnos en una amplia variedad de formas, pero si endurecemos nuestro corazón o nuestra conciencia, negándonos a escucharlo cuando Él nos habla perdemos la oportunidad de ser dirigidos correctamente.

Creo que por meses ya Dios me estaba hablando de algo que quería de mí, pero mi dura cabeza no le podía entender. Así que Dios empezaba a crear el escenario para dar inicio a una nueva obra para ser presentada en el "teatro de amor" de muchas vidas.

Los sueños, pensamientos y circunstancias son interesantes, pero muy inestables para tomarlos como guía. Por eso necesitaba confirmar y discernir mis pensamientos: Decidí compartirlos con Ingrid, mi esposa. Dicen que las mujeres por lo general tienen un "sexto sentido", y creo que Dios le entregó a Ingrid un gran discernimiento y sabiduría para las cosas de Dios. No les niego que sentía muchas dudas de compartírselo, pero grande fue mi sorpresa al ver el entusiasmo de ella a mi propuesta.

En el verano de 1990 (el año que Dios predestinó para que nos mudáramos a Miami), el Señor había arreglado todo de tal forma y en tan corto tiempo, que hoy entiendo el "por qué". Para comenzar, no teníamos la visa adecuada para trabajar y vivir en Estados Unidos. Sin embargo, en apenas dos meses, Dios ya lo había logrado: Se rentó la casa de Santo Domingo, y nos buscó un lugar donde vivir en Miami, transporte… Todo Él ya lo había solucionado.

Cuando llegamos al Sur de Florida empecé a trabajar en una empresa que había concebido en República Dominicana. La forma de mantenernos estaba resuelta. San Pablo nos dice que todos somos nuevas criaturas cuando entramos en una relación con Cristo. Las cosas viejas pasan, y tenemos una oportunidad para un nuevo comienzo. Nos convertimos en nuevo barro espiritual para que el Espíritu Santo trabaje en cada uno de nosotros.

Realmente Dios prepara todo para que cada uno de nosotros tenga un nuevo comienzo; pero debemos estar dispuestos a dejar atrás el pasado y seguir nuestro camino, como nos dice Dios en Jeremías 29, 11: *"Porque yo sé muy bien lo que haré por ustedes, les quiero dar paz y no desgracias y un porvenir lleno de esperanza"*.

No me estaba dando cuenta, pero desde que recibí esa gracia en mi bautismo en el Espíritu Santo, Dios me estaba moldeando para una gran misión: Fundar la Comunidad Siervos de Cristo Vivo en Estados Unidos. Cuando Dios llama, nos capacita para la misión a la que nos ha llamado.

A los pocos meses de habernos mudado, empezamos a sentir un gran vacío en nuestro interior, teníamos sed de Dios. No importa lo que poseamos, adónde vayamos o lo que hagamos, nada puede darnos verdadera gratificación sino la presencia de Dios.

San Pablo en su Carta a los Efesios 5, 18, nos dice: *"Antes bien, llénense del Espíritu Santo"*. Así como nuestro cuerpo debe ser alimentado, nuestro hombre interior y espíritu debe ser nutrido, ya que hemos sido creados para disfrutar de una relación viva con Dios, y eso nos estaba sucediendo a mi esposa y a mí.

Un día conocí a dos hermanos dominicanos, que también habían emigrado desde República Dominicana, y que hoy todavía son parte de nuestra Comunidad, José Ramón y Tagui Grau, con quienes compartimos ese vacío que sentíamos. Un día planificamos reunirnos para orar juntos, y vivir esos momentos junto a Jesús.

Recuerdo que éramos cinco personas que en medio de una gran tormenta que caía aquella noche sobre nuestra casa, alabamos y glorificamos a Dios. Esa tormenta que caía era como un gran presagio de la tremenda obra que Dios había decidido hacer en

Estados Unidos. A esa noche de oración le siguieron muchas más, acompañadas de más personas.

Unos meses después nos visitaron dos hermanos que venían de nuestra Comunidad de Santo Domingo, Elba y Alexis Camilo. Mientras orábamos muy de mañana, el Señor nos dio una imagen mental, a manera de visión profética, de un mapa de Estados Unidos en el que nos mostraba una luz que se encendía en la Florida, y luego esa misma luz se iba reproduciendo, encendiéndose por diferentes estados de esta gran nación. Veíamos también cómo desde la luz de Florida, se proyectaba un rayo hacia Centroamérica.

Y así ha sucedido, ya que la Comunidad Siervos de Cristo Vivo que nació en Miami, a través de los proyectos de evangelización se expandió por diferentes estados de la Unión Americana y también en la República de Panamá. Cuando Dios habla, da un profundo sentido de paz interior para confirmar que el mensaje proviene de Él. Jesús dijo en San Juan 14, 27: *"Mi paz les dejo, mi paz les doy. La paz que yo les doy no es como la que da el Mundo. Que no haya en ustedes ni angustia ni miedo"*. El Señor nos estaba llenando de su paz y fortaleza para no tener miedo de lo que más adelante nos pediría hacer.

Desde ese día, empezamos a evangelizar en las calles de Miami; en los centros comerciales, en las esquinas de los barrios, era un gran mover del Espíritu Santo. Pero todavía, en medio de estas circunstancias no sabía lo que el Señor quería de mí.

Un día de primavera del año 1991, mientras nos preparábamos para un retiro que impartiríamos por las calles de un barrio de Miami, un hermano de la Iglesia me invitó a acompañarlo a una gran evangelización que se celebraba en el norte de la ciudad en una parroquia a la que asistían muchos estadounidenses; por lo que todas las enseñanzas iban a ser en inglés.

Esa noche de evangelización la dirigía un predicador que provenía del estado de Texas. Llegamos un poco tarde cuando ya había empezado la alabanza y el predicador estaba a punto de comenzar. La iglesia estaba abarrotada. Entramos al templo moviéndonos entre la multitud para poder ubicarnos en un lugar donde escuchar mejor. Apenas pudimos avanzar y colocarnos a unos cortos pasos de la entrada principal. Cuando entré, el predicador invitado detuvo su enseñanza, y señalándome dijo estas palabras en inglés: *"Hey you, the Lord is calling you for a very important mission and the devil already knows it, and he is going to try to kill you"*. Traducido, las palabras proféticas al español, decía así: *"Mire, usted, el Señor le está llamando a iniciar una misión muy importante, y Satanás ya lo sabe y él tratará de matarlo"*.

De pronto, me pidió que me acercara y le hizo un llamado a todos los presentes para que oraran por mí, pidiendo la protección de Dios y la sabiduría para poder llevar mi misión a cabo.

Pasaron los días, y realmente ocupado con los preparativos del retiro que íbamos a celebrar en Semana Santa, olvidé aquel incidente profético. Cuatro días antes de la Semana Mayor de ese año, 1992, apenas unos cinco días de habernos mudado a nuestra segunda casa, al llegar y entrar por la puerta que da acceso desde el garaje hacia la cocina, miré hacia la estufa, y observé que una cacerola estaba prendida en llamas muy altas. A un lado de la cocina, veo a Michelle, mi segunda hija, atrapada entre ese rincón y la estufa. Sin pensarlo, corrí hacia la estufa para apagar el fuego, pero me di cuenta que no podría si no sacaba la cacerola de aquel lugar, y cogiéndola por el mango, corrí hacia el patio para lanzarla fuera.

Al abrir la puerta, el fuego se alimentó de más oxigeno provocando una explosión que se convirtió en una bola de fuego que saltó sobre mi cara. En ese momento sentí que Dios estaba a mi lado, por lo que moviendo mi cara hacia un lado, evité ser quemado o muerto por aquel estallido. Pero no pude evitar que todo el aceite caliente que estaba en la cacerola, cayera sobre mis brazos y piernas, causando quemaduras de segundo y tercer grado en esas partes de mi cuerpo.

El Salmo 9, 8 dice que Satanás *"se pone a acechar en el campo, a escondidas mata al inocente"*. En ese momento recordé las palabras proféticas que recibí aquella noche de boca de predicador en inglés. Dice el Salmo 12, 8: *"Tú, Señor, nos cuidas y en todo tiempo nos proteges"*. Así Jesús, mi Señor, estaba cuidando de mí y protegiéndome de aquellos dardos incendiarios que Satanás me lanzaba.

La Carta a los Romanos 8, 31 dice: *"Si Dios está con nosotros, quién estará contra nosotros"*. Ese día descubrí que Dios estaba conmigo y que Él tenía un plan que debía llevar a cabo a través de mí, pero para ello debía confiar y permanecer en Él.

No teníamos un título para denominar ese retiro de Semana Santa, por lo que al ver mis piernas y brazos vendados, en oración sentí que el lema del retiro debía de ser: "Por sus llagas hemos sido sanados". Y así se ha llamado este retiro anual por más de 18 años.

El padre Emiliano, cada vez que pasaba por Miami, se hospedaba en nuestra casa. Un día del mes de mayo vino para asistir a un congreso mariano. Aprovechando su presencia, le pedí que nos acompañara en el grupo de oración, celebrándonos una Eucaristía. Esa noche, cuando el Padre Tardif vio tantas personas que asistían a este grupo, me llamó aparte y me dijo: *"Alfredo, ¿por qué tú no inicias la Comunidad Siervos de Cristo Vivo y abres una Casa de Oración? Aquí en tu casa no pueden seguir. Yo veo que Dios los trajo aquí para hacer algo grande. Yo les ayudo"*.

Esa noche me di cuenta a través de las palabras del Padre Tardif cuál era el propósito de llegar hasta Miami; por qué Dios nos trajo abriendo puertas y limpiando los caminos para esta gran misión. No les niego que sentí mucho miedo al escuchar aquellas palabras que venían de los labios del Padre Emiliano, pero entendí lo que dice San Pablo en Efesios 2, 8-10, que la presencia de Dios en cada uno de nosotros nos capacitará, y concluye en el versículo 10: *"Lo que somos es obra de Dios, con mira a las buenas obras que dispuso desde antes, para que nos ocupáramos en ellas"*.

En el mes de junio, nuevamente el Padre Emiliano regresó a Miami para asistir a la Conferencia Carismática. Durante dicho encuentro, aprovechó para hablar con Monseñor Agustín Román, entonces Obispo Auxiliar de la Arquidiócesis de Miami, del proyecto de fundación de la Comunidad aquí. Creo que en ese momento, el Obispo Auxiliar no tenía idea de la magnitud de la Comunidad Siervos de Cristo Vivo y verbalmente nos dijo: *"Comiencen"*.

En ese Congreso, el Padre Emiliano anunció a los presentes que muy pronto abriría sus puertas la primera Casa de Oración de nuestra Comunidad en Estados Unidos, por lo que les extendía una invitación para la bendición de la Casa de la Anunciación, en la cual celebraría una misa con oración de sanación por los enfermos. Definitivamente, el Padre Tardif era un gran taumaturgo, su convocatoria atrajo aquella tarde a más de 5,000 personas. Pero también atrajo a unos diez carros de la Policía del Condado de Miami-Dade, pues el área donde estaba ubicada la Casa era residencial, y los códigos residenciales no permiten actividades eclesiales, a menos que se cumplan ciertas condiciones de parqueo, área de terrenos, vía de acceso, etc.

Esta primera Casa definitivamente no cumplía con la mayoría de estos requisitos, por lo que a pesar de que se nos permitió celebrar la Eucaristía, y de que Jesús aquella noche sanó a muchos enfermos, a la semana siguiente nos vimos obligados a mudarnos a otro local.

Dicen que "Dios escribe recto en renglones torcidos", y lo que ocurrió esa noche para nosotros fueron los renglones torcidos donde escribe Dios, pues pensamos que ya todo se había perdido, pero no. Dios se valió de este hecho para abrirnos las puertas en este gran país. Fruto de la interrupción del evento por parte de la Policía, y siendo nosotros parte de la Iglesia Católica, la Policía de la ciudad envió un reporte a la Cancillería de la Arquidiócesis de Miami, informando de la violación cometida.

Como consecuencia, fui requerido por el Canciller para aclarar el incidente ocurrido. Durante esa reunión, Dios me dio la oportunidad para explicar el proyecto completo de la Comunidad Siervos de Cristo Vivo, lo que despertó un interés de parte del Canciller, quien de inmediato se ofreció a ayudarnos. Ese día comprendí que Dios había permitido que ocurriera el incidente del día inaugural para facilitar la apertura de la primera Casa de Oración de la Comunidad Siervos de Cristo Vivo en Estados Unidos.

En ese momento recordaba la visión profética que Dios me había mostrado, de una luz que se encendía en Miami y se iba multiplicando por diferentes estados de esta nación y luego se proyectaba un rayo que llegaba hasta un país centroamericano, Panamá.

Hay momentos en la vida en el que Dios nos llama para hacer algo importante para Él, y es cuando debemos dar el paso adelante para descubrir lo que tenemos que hacer. Algunas puertas nunca se abrirán a no ser que demos un paso hacia ellas.

Otras veces damos un paso y vemos que Dios no abre la puerta, pero si confiamos en que es Él quien nos está guiando, la puerta se abrirá fácilmente. San Pablo, en 1 Corintios 16, 9, afirmó que Dios le había abierto una puerta grande a él y a sus amigos, y también mencionó que habían muchos enemigos. En ese inicio de esta gran obra, a pesar de las adversidades y los errores, Dios usó estos hechos como la gran puerta para su entrada.

CAPÍTULO V
"LO QUE DESATES EN LA TIERRA, SE DESATARÁ EN EL CIELO"

EN EL EVANGELIO DE SAN MATEO 18, 19-20, Jesús nos muestra una forma hermosa de obtener la misericordia de Dios, aún en los momentos en que vemos que no hay una salida para la situación en que nos encontramos. Jesús dice: *"Si en la Tierra dos de ustedes unen sus voces para pedir cualquier cosa, estén seguros que mi Padre Celestial se las dará, pues donde hay dos o tres reunidos en mi nombre, ahí estoy yo en medio de ellos".*

En el mismo capítulo, Jesús muestra el grado de poder que tiene esa oración cuando dice: *"Yo les digo: Todo lo que aten en la Tierra, el Cielo lo tendrá atado, y todo lo que desaten en la Tierra, el Cielo lo tendrá desatado",* (Evangelio según Mateo 18, 18).

Leyendo estos versículos, notamos que la acción de nuestra oración en la Tierra precede a la acción del Cielo. No es que el Cielo ata primero, sino la Tierra; no es que el Cielo desata primero, sino la Tierra. Puesto que la Tierra ya ha atado, el Cielo también atará; y puesto que la Tierra ya ha desatado, el Cielo también desatará. En pocas palabras, Jesús nos dice que la acción de atar y desatar comienza en la Tierra, todo porque dos o más se han puesto de acuerdo para pedir.

Hay acciones en nuestras vidas que hacen que el Cielo se cierre, e impiden que la gracia de Dios se desate. Por ejemplo: Una falta de perdón, el odio, los resentimientos... pueden ser ese obstáculo espiritual en nuestra vida.

Estando en mi oficina, un día en 1993, recibí una llamada de mi amigo Gilberto, quien dirigía el ministerio de música "Nueva Vida", y con quien usualmente evangelizaba. Gilberto falleció hace unos cuatro años. Era terapeuta en vías respiratorias para personas que padecían de enfermedades de los pulmones como pulmonía, neumonías, edema pulmonar, etc.

El día que me llamó Gilberto era como la 1:30 p.m. de la tarde y me disponía a almorzar. Recuerdo claramente sus palabras: *"Papo (así me llamaba de cariño), ¿podrías venir a Coral Gables?, pues necesito que ores por alguien. Ven y te explico"*.

Coral Gables es una municipalidad del área metropolitana del Sur de Florida. En sus inicios, en ella se establecieron muchos profesionales y empresarios de origen cubano (que lograron salir de su país al comienzo de la Revolución Comunista), con ciertas condiciones económicas, las que unidas a su capacidad de establecerse profesionalmente, les permitía sostenerse muy holgadamente. Por lo tanto, los residentes de Coral Gables poseían elegantes viviendas, ubicadas en áreas de uno y dos acres de terreno.

Tras colgar con Gilberto, tomé mi carro y manejé por unos 15 minutos. Al llegar a la casa, siguiendo la dirección que mi amigo me había indicado, me sorprendí por la cantidad de autos que encontré estacionados en los terrenos aledaños y la entrada principal. Por las marcas de los vehículos (Mercedes Benz, Cadillac, Volvo, carros deportivos, SUV), me di cuenta de que se trataba de una familia muy pudiente. Apenas pude colarme en el césped de la casa, en donde estacione mi carro.

En la puerta fui recibido por Gilberto, quien con un fuerte abrazo y algo exaltado, me describía la situación de este paciente: *"Perdóname, pero no te podía explicar por teléfono lo que está pasando con este señor, quien está muy grave, por cierto. Resulta que es el padre de mi jefe, quien es un médico neumólogo, por lo que él mismo ha estado, junto a su socio, tratándolo. La enfermedad que padece es fibrosis pulmonar, que consiste en la formación de tejido cicatricial en los pulmones entre los alveolos y los vasos sanguíneos. Cuando la cicatrización alcanza un nivel significativo, el oxígeno no puede pasar fácilmente desde el aire contenido en el interior de los alveolos a los vasos sanguíneos, por lo que la sangre no recibe oxigeno. La fibrosis pulmonar es incurable. Lo hemos estado tratando con terapia respiratoria y últimamente estuvo conectado a una máquina respiratoria (entubado). Pero en vista de que no responde al tratamiento y de que lleva en estado de coma los últimos tres meses, los familiares tomaron, hace una semana, la decisión de desconectarlo de los equipos. Clínicamente debería haber muerto a las pocas horas, pero lleva ese tiempo desconectado y continúa con vida. Por lo tanto, te he llamado, pues convencí a los familiares de la necesidad de que oremos por él, y lo han aceptado".*

Por un momento me quedé pensativo, y sin reparar en lo que hacía, le dije: *"Entremos y veamos qué pasa"*. Ya dentro del inmueble fui conducido por Gilberto a la habitación principal; abrimos la puerta y entramos. La habitación era de una gran dimensión, de unos 600-700 pies cuadrados. La cama estaba ubicada en el centro y sobre ella descansaba un hombre de unos 70 años, con una respiración muy entrecortada y desesperante. El color de su piel lucía verde azuloso, lo que era señal de una ausencia casi total de oxígeno en su cuerpo.

A este hombre le rodeaban familiares adultos, que superaban los 30 años de edad. Una parte estaba colocada a la derecha de la cama y los demás en el lado opuesto. Era un ambiente muy poco familiar, algo tenso. Tan pronto como se cerró la puerta, todos los presentes dirigieron sus miradas hacia mí. En ese momento me sentí tranquilo, pero según pasaban los segundos empecé a ponerme algo nervioso, ya que Gilberto no había dado ninguna explicación del por qué yo me encontraba allí. Todo lo contrario, mi amigo cerró sus ojos, como una manera de unirse a la oración que yo haría.

Sin embargo, yo no sentía el deseo de orar y ni siquiera de estar allí; pero todos me miraban, como si fuera un extraterrestre, y en verdad era algo así, pues yo era un intruso que había venido a invadir su espacio familiar, su intimidad. No era el momento para que un extraño estuviera allí.

De pronto, y como para evadir sus miradas, cerré mis ojos, pensando que de esa forma no me verían. Mientras mantenía mis ojos cerrados, en mis pensamientos, empecé a "pelear" con mi amigo Gilberto y me decía a mí mismo: "Cualquiera toma la Biblia que sostengo bajo mis brazos y se la lanzo a ver si reacciona y dice algo".

Al ver que no pasaba nada, y que Gilberto seguía en su postura, cambié mi centro de enojo e inconformidad hacia Dios, y comencé a decir cosas como: *"Mira, Señor, yo no sé para qué me trajiste ni por qué estoy aquí. Quiero decirte que yo estaba muy tranquilo en mi oficina e iba a almorzar para seguir trabajando. Ahora estoy aquí, frente a este señor moribundo y frente a personas desconocidas. Aquí estoy como un intruso. Me siento como una mosca dentro de un vaso de leche blanca. Estoy haciendo un papelazo delante de toda esta gente".*

En verdad, no me daba cuenta de que, en vez de hablarle de Jesús y de la esperanza en la vida eterna, yo estaba defendiendo mi postura, mi imagen, mi persona. Yo no estaba viendo lo que el Señor quería hacer a través de mí. Que conste que ni soy vidente ni predigo el futuro; pero de pronto, mientras tenía los ojos cerrados, me vino una imagen mental, como una película.

Es un tipo de manifestación que se menciona en la Biblia y es unos de los carismas del Espíritu, tal como se profetizó en Joel 3, 1-3: *"En los últimos días, derramaré mi Espíritu sobre todos los mortales, sus hijos y sus hijas profetizarán; los jóvenes tendrán visiones y los ancianos tendrán sueños. En esos días yo derramaré mi Espíritu sobre mis siervos y mis siervas y profetizarán. Haré cosas maravillosas arriba en el Cielo, y señales milagrosas abajo en la Tierra".*

Aquella tarde el Espíritu Santo vino sobre mí y me abrió los ojos espirituales para tener esta imagen mental: Yo "veía" un rótulo lumínico rodeado de muchas bombillas, como los letreros de los teatros de Broadway. En el centro de dicho letrero aparecía una palabra escrita: Herencia.

Por un momento me sentí extrañado y confundido de lo que estaba viendo, pero en mi corazón sentía que era algo que Dios me estaba revelando para que por fe lo expresara. No puedo decir que me llegó un texto o un mensaje completo, pero en ese momento recordé una enseñanza sobre la palabra de conocimiento que el Padre Emiliano Tardif nos había impartido y que aparece en su libro *"Jesús está vivo"*, página 50.

En este texto, el Padre Tardif describe la palabra de conocimiento de la siguiente manera: *"Llega una idea clara a la mente. En la medida que la comunicamos van apareciendo los detalles adicionales. Compararía esta experiencia como leer un mensaje escrito en unas servilletas de una caja de Kleenex: En la primera servilleta están unas palabras que debo leer, luego retiro esa servilleta y leo lo que dice la segunda. No se puede leer ni entender lo escrito en la tercera si no se han leído y retirado las otras dos. De igual manera, se comienza a comunicar el primer mensaje e inmediatamente se va completando éste en la medida que los vamos transmitiendo".*

Entonces recordé las palabras del Señor: "Abre tu boca…", así que, movido por el Espíritu Santo, dije:

"Yo no sé por qué estoy aquí, no conozco a ninguno de ustedes ni tampoco conozco a este señor que está postrado en esa cama. Lo que sí sé es que aquí hay un problema de herencia entre ustedes y que ese señor, a pesar de su estado de coma, en su inconsciencia, sabe que tan pronto fallezca, ustedes van a iniciar enfrentamientos legales por la fortuna que él va a dejar, y esta actitud es lo que lo mantiene atado. Ustedes tienen esa alma atada, y por lo tanto, él no va a morir hasta que ustedes no le prometan que, a su muerte, no se pelearán por la herencia. Mientras tanto son ustedes quienes les tienen atado, y por su actitud le están impidiendo que él regrese a la presencia de Dios, pues el mismo Señor Jesús en el Evangelio de San Mateo 18, 18 dice: 'Yo les digo: Todo lo que aten en la Tierra, el Cielo lo tendrá atado, y todo lo que desaten en la Tierra, el Cielo lo tendrá por desatado' ".

Y luego les dije: *"Si ustedes están de acuerdo en pedirse perdón y prometerle que no se pelearán, vamos a orar".* Entonces todos vinieron alrededor de la cama y me permitieron colocarme al lado de este hombre (quien seguía padeciendo de su estado de asfixia), e imponiéndole las manos sobre su cabeza, oré así: *"Señor Jesús, tú nos dices en tu Palabra que todo lo que atemos en la Tierra será atado en el Cielo, y que todo lo que se desate en la Tierra será desatado en el Cielo. Nosotros estamos de acuerdo y nos perdonamos unos a otros y te pedimos que dejes libre a esta alma, para que pueda disfrutar de ese Cielo que tú le tienes prometido. Por eso te pido que envíes tu divino Espíritu sobre él. Ven, Espíritu de Dios..."*.

De pronto empecé a escuchar gritos de pesar, llantos y exclamaciones: "Papá, vete con el Señor". Al escuchar los gritos, abrí mis ojos y me di cuenta de que el hombre había fallecido.

Su rostro mostraba paz y la habitación se impregnó de la presencia de Dios. Era el Buen Pastor que había venido para llevarlo con Él hacia esa Tierra Prometida donde jamás se volverá a experimentar dolor ni llanto.

Pensé que no debía estar allí, pues era un momento para la familia estar a solas, así que decidí salir de aquella habitación. Tomé mi Biblia entre mis manos y comencé a caminar hacia la puerta de salida de la habitación. Cuando empuñé el manubrio para abrirla, me vino este pensamiento: *"¡Wao! No puede ser real lo que ha estado pasando"*.

Para grabar ese momento en mi mente, decidí dar una última mirada hacia los presentes. Observando sobre mi hombro derecho hacia atrás, fue cuando me di cuenta de que todos los familiares estaban colocados detrás de mí. Por un momento me sentí preocupado y me dije: *"¡Oh, creo que me van a acusar de haber provocado la muerte de este hombre!"*. Pero mi pensamiento fue interrumpido por las palabras de uno de los familiares, quien me preguntó: *"No entendemos lo que ha pasado y lo que hemos experimentado. ¿Qué es eso del Espíritu Santo?, ¿Podría explicarnos?"*.

Así que empecé diciéndoles: *"Miren, hay acciones en nuestras vidas que causan que el Cielo se cierre e impiden que las manos de Dios actúen. Por ejemplo el odio, el resentimiento, la falta de perdón... Son acciones que no permiten que el amor de Dios llegue a nuestras vidas. Son acciones de pecado que se levantan como si fueran paredes entre Dios y nosotros"*.

Así seguí hablándoles del amor inmenso que Dios nos tiene, de cómo por nuestros pecados no experimentamos ese amor de Dios, y que por eso Dios Padre, que es un Padre de Amor, envió a su Hijo Jesucristo para que al creer en Él nos salváramos y recibiéramos la promesa del Espíritu Santo. En pocas palabras, les fui explicando el Kerygma (el anuncio del Evangelio de Jesús) "al vapor".

Está en nosotros aceptar esa propuesta de parte de Dios. Como nos dice Apocalipsis 3, 20: *"Mira que estoy a la puerta y llamo; si alguien escucha mi voz y me abre, entraré a su casa a comer, yo con él y el conmigo"*. En pocas palabras, tenemos que abrirle la puerta y dejar que Jesús entre en nuestras vidas. Jesús nunca forzará la puerta, ya que Él nos da la libertad para escoger. Depende de nosotros si le abrimos o no; pero si le abrimos, Él nos promete que nunca nos abandonará.

Ese día entendí que el plan de Dios es que todos los hombres se salven, que el perdón siempre abre las puertas a la acción salvífica de Dios, pues nos libera de nuestros odios y resentimientos, que nos hace como Jesús, que amó y perdonó a sus enemigos. El perdón nos resucita con Jesús para vivir lo que Dios nos tiene preparado: La Vida Eterna.

CAPÍTULO VI
UNIENDO EL CIELO CON LA TIERRA

EN MAYO DE 2010 FUI INVITADO A PREDICAR en un congreso de Pentecostés que se celebraba en un estadio de béisbol en Villahermosa, Tabasco, México. Los organizadores preveían la asistencia de unas 10,000 personas. Esa tarde el Sol brillaba muy fuerte, como presagio de la presencia del Sol de Justicia, Jesucristo, que se haría presente una vez más al comenzar este evento.

Antes de empezar, el párroco de la iglesia que nos invitó pidió no extender el retiro más allá de las 8:00 p.m., pues había ocurrido un hecho en esos días que mantenía a los habitantes de Villahermosa muy temerosos. Sin embargo, ése no era el plan de Dios, pues debido al calor que imperaba, y a la fuerza de los rayos solares, los organizadores decidieron postergar el inicio de este encuentro por unas dos horas, así que en vez de dar inicio a las 4:00 p.m. como se anunció, comenzó a las 6:00 p.m.

Villahermosa es una ciudad que pertenece al estado de Tabasco. La misma ha estado sacudida por la violencia de los carteles de la droga, por lo que el miedo se había apoderado de gran parte de su población. Recientemente, dos jóvenes que habían pertenecido a uno de los carteles que opera en dicha zona, y que 30 días antes habían tenido un encuentro con Jesús en un retiro impartido por la parroquia, epor negarse a continuar participando en ese cartel, fueron ejecutados por los sicarios.

Esta noticia había corrido por todo el pueblo, por lo que muchos de sus habitantes se sentían tan asustados que ya no querían salir de sus casas después de las 8 p.m. de la noche. Pero ese día, Jesús era quien los había invitado, por lo que aquel estadio vibraba con los cánticos y alabanzas.

El evento se inició con cantos de animación. Así se creó un ambiente de alegría. Era tal el gozo que se sentía, que cada persona que entraba a ese estadio quedaba contagiada. Luego de una hora de estar alabando a Dios, fui invitado a subir a la tarima para compartir el primer tema del congreso.

Durante 55 minutos hablé del gran deseo que tenía Dios de llegar a cada corazón de los que estábamos allí presentes. Poco a poco empecé a ver cómo, igual que los rayos del Sol que brillaban, empezaba a brillar la luz de Jesús en los corazones de los que estábamos allí.

Terminé mi ponencia con una oración de sanación interior, en la cual Jesús empezó a curar los corazones atribulados. Al terminar, bajé de la plataforma y como habían anunciado un receso de 20 minutos, algunos de los presentes se acercaron para que orara por ellos. Sentí que la Palabra de Dios había despertado la fe de tal forma que en unos 10 minutos me vi rodeado de un grupo de más de 90 personas que pedían oración.

Dentro de este grupo alcancé a ver a un joven de unos 27 años, sentado en una silla de ruedas. Los familiares que lo traían intentaron acercarlo hacia mí para que también orara por él, pero eran tantas las personas a mi alrededor que les hice una señal indicándoles que esperaran a que continuara el retiro.

Una vez iniciado el segundo tema, a cargo de Marcos Chau, el hermano que me acompañaba, la gente se retiraría a sus asientos, y yo podría orar por el joven en silla de ruedas. Así lo hicimos: Tan pronto el evento continuó les pedí que me acercaran al joven paralítico. Empecé a conversar con él y sus familiares, a fin de poder establecer el propósito de la oración, pues el plan de Dios es obrar en la Tierra con y a través de nosotros. La historia que escuché fue la siguiente:

José (nombre ficticio) era un chico muy grueso que aparentemente gozaba de salud. Hacía más de un año que empezó a padecer del páncreas, causándole una diabetes que lo llevó a perder unas 100 libras de peso. Poco a poco fue perdiendo fuerza en sus músculos, hasta quedar inmóvil de sus piernas, por lo que ya no podía caminar.

Una vez escuchada su historia, empecé a orar recordándole que Jesús había venido para salvar y para sanar, como nos dice Isaías 53, 5: "Por sus llagas hemos sido sanados". Mientras oraba sentí una gran compasión y fe dentro de mí, tanto que me dirigí con firmeza a los presentes, pidiéndole a Dios que lo sanara. Al poco tiempo de imponer Jesús sus manos sobre él a través de las mías, José tuvo un descanso en el Espíritu. Es una experiencia en la cual se percibe el peso del amor de Dios y uno se siente tan amado que no puede escapar de sus caricias y ternuras, y se abandona en sus brazos.

Pasaron unos minutos, que para José debieron ser muy intensos. Al volver en sí, lucía alegre, sonriente. Seguí orando, pasando mis manos por la zona de su cuerpo afectada, el área del páncreas y sus piernas. Mientras pasaba mis manos por sus piernas, sentí que éstas saltaron al toque amoroso de Jesús. Detuve por un momento la oración y le pregunté a José si estaba sintiendo sus piernas. Una persona que sufre de diabetes, puede llegar a perder hasta la sensibilidad en áreas de su cuerpo. Asintiendo con la cabeza, me indicó que sí, por lo que decidí proponerle que intentara moverlas, y así lo hizo. Nuevamente le pregunté si ya sentía fuerza como para incorporarse y levantarse. Contestó que sí. Le invité a levantarse, apoyándose en los dos brazos de su silla de ruedas.

Al grito de "¡Levántate en el nombre de Jesús!", José agarrándose de su silla se levantó. Al incorporarse, le pedí que, agarrado de mis manos, empezara a dar pasos, y así lo hizo. Pero José no se conformó con tan sólo dar unos pasos, sino que empezó a moverse un poco más rápido hasta convertir sus cortos pasos en una caminata hacia el centro del estadio donde estaba congregada una gran multitud, que al verlo estalló en aplausos, alabanzas y agradecimiento a Dios.

Era Jesús quien aquella tarde le estaba diciendo a esos habitantes de Tabasco: "Yo estoy aquí. Se cumple mi promesa de que cuando dos o más están reunidos en mi nombre, allí estoy Yo. No tengan miedo".

¡Qué tarde tan emocionante! Todos los allí presentes nos regocijamos de que Jesús nos hubiera usado para sanar a este joven y tocar tantos corazones de muchas personas, por las cuales Jesús había muerto y resucitado. Ese día el pueblo de Villa Hermosa perdió el miedo y ese encuentro que debía concluir a las 8:00 p.m., concluyó a las 11:00 p.m.

Este testimonio provoca una pregunta importante: ¿Realmente causaron nuestras oraciones que Dios sanara a este joven o Él lo hubiera hecho de todos modos sin que se lo pidiésemos?

Dios es soberano, pero esto no significa que Él opera independientemente de nosotros. Por ser Dios y soberano, ha tomado la decisión de obrar en la Tierra con y a través de nosotros, sus hijos, no independientemente de nosotros.

Estudiemos los textos siguientes que claramente resaltan la necesidad de oración y obediencia con el fin de que nosotros experimentemos su voluntad:

1) **Sanación de una Nación (2 Crónicas 7, 14):** *"Si mi pueblo, sobre el cual es invocado mi nombre, se humilla, rezando y buscando mi rostro, y se vuelve de sus malos caminos, yo entonces los oiré desde los cielos, perdonaré su pecado y sanaré su tierra. Mis ojos estarán abiertos y mis oídos atentos a la oración que se haga en este lugar".*

2) **Recibiendo bendiciones del pacto con Dios (Deuteronomio 28, 1-2):** *"Ahora bien, si tú obedeces de verdad la voz de Yavé, tu Dios, practicando y guardando todos los mandamientos que te prescribo hoy, Yavé, tu Dios, te levantará por encima de todas las naciones de la tierra. Entonces vendrán sobre ti y te alcanzarán todas las bendiciones siguientes, por haber obedecido a la voz de Yavé, tu Dios".*

3. **Sanación por la confesión (1 Juan 1, 9):** *"Si confesamos nuestros pecados, Él, por ser fiel y justo, nos perdonará nuestros pecados y nos limpiará de toda maldad".*

Dios actúa en la Tierra como respuesta a una oración llena de fe. Pienso que Dios le da forma al Mundo a través de nuestras oraciones. Mientras más oremos, mejor seremos y más poderosas serán las fuerzas contra el mal.

Si escudriñamos en la Biblia, nos daremos cuenta de que su Palabra confirma esto que hemos dicho. Veamos algunos ejemplos:

Ejemplo #1: En el Primer Libro de Reyes vemos que después de tres años de sequía, Dios le dijo a Elías que iba a mandar la lluvia a Israel. Sorprendentemente, aunque era el tiempo y la voluntad de Dios para mandar lluvia, Dios necesitaba que Elías (hombre) se lo pidiera. Así que Elías oró siete veces para que la lluvia comenzara (1 Reyes 18, 41-45).

Ejemplo #2: En el Libro de Daniel 9, 1-3, vemos cómo Daniel descubrió a través de la profecía de Jeremías que era tiempo de que Israel, como nación, fuera restaurada de su cautividad. De nuevo, aunque era el tiempo y la voluntad de Dios para ese pueblo, Daniel tenía que pedírselo.

Ejemplo #3: Otro ejemplo poderoso de oración lo encontramos en el Libro de Números 14, 11-20. En los versículos 11 y 12 Dios, enojado por la incredulidad de Israel, le comunicó a Moisés que le enviaría destrucción a su gente. Sin embargo, por la intercesión de Moisés, Dios cambió su decisión.

¡Qué declaración tan asombrosa! El Creador del universo y dueño absoluto perdonó a Israel conforme a las palabras de un hombre, Moisés.

En otro momento, Dios quería perdonar, pero no pudo, ya que no encontró a ningún intercesor que pidiera perdón por un cierto grupo de personas.

Leemos en Ezequiel 22, 30-31: *"Y busqué entre ellos un hombre que levantara un muro entre ellos y yo, y que permaneciera en los muros frente a mí, en defensa del país para que yo no lo devastara, pero no lo hallé. Por eso, he desencadenado mi enojo sobre ellos y los he exterminado con el fuego de mi cólera y he cargado el castigo sobre ellos, declara Yavé".*

Estos y muchos otros pasajes hacen claro que Dios se involucra en los asuntos de la Tierra a través de los hombres, y la oración es una manera en la que Dios hace eso. A través de su Palabra, se nos asegura que los planes y propósitos de Dios finalmente se cumplirán. Las demoras suceden algunas veces porque Dios tiene que esperar hasta encontrar personas a través de quienes Él pueda obrar.

Adán significa hombre o humanidad. Dios creó un hombre y lo llamó hombre (Adán). Lo que Dios pretendía para Adán era lo que Él pretendía para la raza humana entera. Cuando Dios creó a Adán y a Eva, los hizo sus gobernadores o administradores en la Tierra.

El Salmo 8, 6 dice: *"Apenas inferior a un Dios lo hiciste coronándolo de gloria y grandeza".* Agrega: *"¿Quién es el hombre para que te acuerdes de él, el hijo de Adán para que de él cuides? Apenas inferior a un Dios lo hiciste coronándolo de gloria y grandeza".*

El propósito de Dios para sus adanes (la humanidad) era que gobernaran la Tierra como sus representantes. Observe que no digo en su lugar, sino más bien, como sus representantes. Por lo tanto, todo debía hacerse bajo la autoridad, los principios y la dirección de Dios. El Salmo 115, 16 dice: *"El Cielo es la morada de Dios, mas entregó la Tierra a los humanos".*

En pocas palabras, Dios no entregó la propiedad de la Tierra, sino que le asignó al hombre la responsabilidad de gobernarla. En Génesis 2, 15 dice: *"Yavé tomó, pues, al hombre y lo puso en el Jardín del Edén para que lo cultivara y lo cuidara".* Adán literalmente era el guardián y supervisor de Dios sobre la Tierra. Tan clara era esta decisión de Dios para gobernar el mundo a través de los adanes (los humanos), que el primer Adán tuvo la habilidad y el poder de entregarle esta autoridad a alguien más, a Satanás.

Por eso en Lucas 4, 6-7, cuando Jesús es tentado por Satanás, éste le dice: *"Te daré poder sobre estos pueblos y te entregaré sus riquezas, porque me han sido entregadas y las doy a quien quiero. Todo será tuyo si te arrodillas delante de mí"*.

Jesús, en Juan 12, 31; Juan 14, 30; y Juan 16, 11, hace mención de Satanás como "el amo de este mundo". Es por eso que para Dios poder revertir la situación, es decir, volver al plan original, tuvo que enviar a su Hijo Jesucristo, quien siendo hombre se convirtió en un Adán, según nos lo dice 1 Corintios 15, 45: *"La Escritura dice: Adán, el primer hombre, fue hecho ser animado con vida, pero el otro Adán, que viene después, es ser espiritual que da vida"*.

El plan original de Dios es obrar en la Tierra con y a través de nosotros, no independientemente de nosotros. En ningún lado en la Biblia, Dios nos instruye que le pidamos cosas que seguramente van a suceder automáticamente. Por ejemplo: Nunca la Biblia dice que le pidamos que brille el Sol o que funcione la gravedad de la Tierra. Solamente nos dice que pidamos cosas que dependen de nosotros.

En el Libro de Santiago 4, 2 se nos dice: *"En realidad, ustedes no tienen porque no piden"*. Recuerden que 2 Corintios 5, 20, afirma que "somos Embajadores de Dios por medio de Jesucristo". No es algo extraño el hecho de que Dios nos use, sino que ése es su plan.

CAPÍTULO VII
JESÚS NOS LIBERA

FUI INVITADO A PARTICIPAR, EN EL AÑO 2001, en un congreso para jóvenes en la Ciudad de Panamá. Este encuentro se celebraba en un templo consagrado a la Divina Misericordia, ubicado en la zona de Paitilla. Por ahí fue por donde entró la invasión de militares estadounidenses que derrotó y capturó al general Manuel Noriega, en diciembre de 1989.

Era sábado en la mañana y el párroco de la iglesia ordenó que se sacaran todos los bancos para así poder dar cabida a más de 3,000 jóvenes que habían llegado desde el interior de la República de Panamá.

Esa mañana el retiro empezó con alabanzas y cánticos, algunos modernos como el reggaetón, muy de moda entre los muchachos. Por lo visto, la intención de los organizadores del evento era tratar de mantener a los jóvenes entretenidos para que no se marcharan del lugar, por lo tanto, el ambiente lucía cargado y casi fuera de control.

Luego de un tiempo, la persona que conducía el retiro pidió al ministerio de música entonar un cántico para invitar al Espíritu Santo que viniera a ese lugar. Sin embargo, a pesar de haberse entonado algunas canciones suaves, permanecía el bullicio y cierto alboroto en la asamblea. Así, pues, el animador me invitó a subir a la tarima, ya que el tiempo corría y el retiro debía de comenzar. Subí y me acerqué al pódium un poco nervioso y preocupado por la receptividad de la audiencia.

Mientras el equipo de intercesores oraba por mí, decidí levantar mis ojos para estudiar uno por uno a los participantes. Grande fue mi sorpresa al descubrir los receptores del mensaje que iba a proclamar eran jóvenes de entre 13 y 23 años de edad, con indumentarias propias de sus edades: Pantalones semi-largos, que les cubrían pasadas las rodillas, pero colocadas las correas o cintos muy por debajo de sus cinturas dejando entrever parte de su ropa interior, camisetas súper largas, sus orejas cubiertas de aretes, los cuellos rodeados de collares y sus cuerpos tatuados de imágenes grotescas, indicando el mundo interior de tinieblas que estaban viviendo. Por un momento me sentí que había llegado a un barrio tomado por pandillas.

Así me sentía: Estaba rodeado de pandilleros que, sin respetar el templo que ocupaban, se hacían señales de un lenguaje para comunicarse como pandilleros. Me di cuenta de que, a pesar de que estaban allí y se había orado, sus cuerpos estaban presentes pero no sus mentes ni sus espíritus. Era como si un gran muro se hubiese levantado entre la razón y el espíritu.

En ese momento, oré y empecé a hablarles del amor de Dios, *de cómo Dios nos amó tanto que había entregado a su Hijo único, Jesucristo, para que todo el que crea en Él no se pierda, sino que tenga vida eterna (Juan 3, 16).* Sentía que la Palabra de Dios iba cayendo sobre ellos, pero aparentemente no les causaba ningún efecto. Era como si una lluvia fuerte cayera sobre una gran roca y no penetrara.

Pasados unos 50 minutos empecé a resumir mi tema y oré para que el Señor sanara cualquier herida que les impidiera recibir a Jesús en sus corazones. Terminé mi oración y cuando ya iba a descender del pódium, escuché claramente en mi interior al Señor que me decía: *"Alfredo, espera, no te vayas, levanta tus ojos de nuevo hacia ellos y déjame mostrarte algo que tú no puedes ver. Sólo lo podrás ver con los ojos de mi Espíritu. Antes de marcharte te pido que desciendas de la tarima y bajes donde están los jóvenes, pues yo voy a hacer descender mi gloria, mi presencia sobre ellos".*

Me sentía algo turbado y sorprendido de lo que había escuchado, pero decidí obedecer a Dios. Miré de nuevo hacia la multitud de esos 3,000 jóvenes que se encontraban de pie, con la mirada desafiante. Esos jóvenes habían venido porque tenían hambre y sed, pero hambre y sed de Dios. No era Jesús quien vivía en ellos, sino el pecado. Ellos estaban esclavizados por el pecado, consciente o inconscientemente eran esclavos de sus pasiones, de sus deseos. Estaban atados a los frutos de la carne (libertad sexual, impurezas, idolatría, drogas, etc.). Me acordé de Romanos 6, 12: *"Que no venga el pecado a ejercer su dominio sobre cada uno de ellos".*

Era el pecado ejerciendo su dominio sobre cada uno de ellos. Aún así, dentro de ellos algo les gritaba que tenían sed. Así que decidí descender de la tarima y caminar entre ellos. Mientras caminaba, empecé a sentir la presencia de Dios fuertemente. El peso del amor de Jesús había caído sobre aquella multitud. De pronto, comencé a notar que mientras caminaba entre ellos, filas completas de entre ocho y doce jóvenes iban cayendo al suelo. Era como si una fuerza poderosa les derribara, y realmente era así. El poder de Jesús estaba derribando las fortalezas interiores que se habían levantado contra Él, cegando todo su conocimiento y sabiduría para reconocerle y amarle.

Ahí recordé las palabras en Lucas 4, 18-20 que, leídas por Jesús, describe su misión y el cumplimiento de la profecía de Isaías 61, 1: *"El Espíritu del Señor está sobre mí. Él me ha ungido para traer buenas nuevas a los pobres, para anunciar a los cautivos su libertad y a los ciegos que pronto van a ver, a despedir libres a los oprimidos y a proclamar el año de la gracia del Señor".*

Jesús fue enviado por el Padre para enseñarnos el camino de la verdad. Su Palabra nos hace libres, como dice el Evangelio en Juan 8, 31-32: *"Ustedes serán mis verdaderos discípulos si guardan siempre mi Palabra; entonces conocerán la verdad y la verdad los hará libres".* Jesús nos está hablando de que nos hará libres, porque tenemos una condición de esclavos.

¿En qué consiste esta esclavitud? La respuesta nos las da Jesús en Juan 8, 34-36: *"En verdad les digo, el que comete pecado es esclavo del pecado"*.

Hay muchas personas que son esclavas y ni siquiera se han dado cuenta. Por ejemplo, conozco a una amiga que nunca sale de su casa si no se ha leído el horóscopo... Y ella dice creer en Dios.

En una ocasión yo iba hacia Santo Domingo en compañía de mi esposa Ingrid. Sentada, al otro lado del pasillo del avión había una señora de unos 60 años de edad. Mientras nos acomodábamos para despegar, Ingrid y yo leíamos la Liturgia de las Horas. Por un instante, notamos que la señora nos observaba. De repente nos comentó*: "Vengo de un viaje muy largo. Vengo de la India donde estaba tomando un curso impartido por un gurú para ayudarme a controlar mi temperamento y recibir paz"*.

No pasaron dos minutos cuando llegó una persona a ocupar el asiento ubicado a su lado. Sin querer, este señor golpeó las piernas de la señora, quien al sentirse golpeada empezó a lanzar epítetos e insultos contra el pobre hombre. Inmediatamente pensé: "¡Wao! ¿Cómo sería esta señora antes de recibir ese curso?". En realidad, los métodos y las enseñanzas de hombres no nos dan la paz. Recordemos nuestra naturaleza pecadora, la cual San Pablo tenía muy clara cuando decía en la Carta a los Romanos 7, 19: *"De hecho, no hago el bien que quiero, sino el mal que no quiero. No soy yo quien está haciendo el mal, sino el pecado que está dentro de mí"*.

Y así buscamos tener paz y encontrar soluciones a nuestros problemas, recurriendo a métodos y caminos que no son los caminos de Jesús; sólo por ser esclavos de nuestra vida de pecado. Por ello, dice San Pablo en su Carta a los Romanos 6, 12: *"Que no venga el pecado a ejercer su dominio sobre su cuerpo mortal, no se sometan a sus inclinaciones malas, ni le entreguen sus miembros, que vendrían a ser como malas armas al servicio del pecado"*.

Volviendo al relato del encuentro de jóvenes en Panamá,

recuerdo que los participantes no sólo se caían al suelo, sino que se arrodillaban y se postraban ante ese Dios que pasaba entre ellos, levantando sus brazos, llorando y clamando a Dios su perdón: *"Señor, perdóname. Jesús, libérame, sáname"*. Así repetían a coro, ya no en un ritmo de reggaetón, sino en un clamor al ritmo de la misericordia y el perdón de Dios. Se sentía el poder de Dios en aquel salón. Jesús los abrazaba, los liberaba y los sanaba. Fruto de esta acción, muchos empezaron a hurgar en sus bolsillos y a extraer de ellos navajas, manoplas, punzones, drogas, preservativos, y los arrojaban al suelo. Otros, poseídos por espíritus de impurezas y de las tinieblas, empezaron a quedarse libres de sus pecados. Ahí recordé las palabras en Romanos 6, 22: *"Ustedes han sido liberados del pecado y sirven a Dios. Ya están cosechando los frutos cuando crecen en santidad, y el final será la vida eterna"*. ¡Aleluya! En ese momento había terminado la condenación que pesaba sobre ellos, pues ya estaban en Cristo Jesús. (Romanos 8, 1).

Dentro del grupo había varios miembros de diferentes pandillas que momentos antes habían escenificado algunos enfrentamientos en la parte exterior de la Iglesia. Al ser tocados por Jesús fueron transformados en sus pensamientos. Uno de los líderes avanzó hacia el pódium y arrodillándose, tomó el micrófono y dijo: *"Yo era el jefe de la pandilla los Mercenarios, y digo era, porque hasta hoy estaba sumergido en ese mundo de robos, sexo, drogas, peleas, odio, resentimientos. Pero a partir de este momento, en que Jesús me ha sanado y liberado, renuncio a mi vida pasada. Si algún otro pandillero quiere seguirme, que venga y se postre ante Jesús, y pidiéndole perdón, que renuncie también como yo lo he hecho y acepte vivir una vida nueva"*.

En ese momento recordé las palabras de San Pablo cuando invita a los romanos: *"Les ruego, pues, hermanos por la misericordia de Dios que se entreguen ustedes mismos como sacrificio vivo y santo que agrada a Dios. Ése es nuestro culto espiritual. No sigan la corriente de este mundo en que vivimos, más bien transfórmense por la renovación de su mente. Así sabrán ver cuál es la voluntad de Dios, lo que es bueno, lo que le agrada, lo que es perfecto"* (Romanos 12, 1-3).

Ese día Jesús tocó a esos 3,000 jóvenes cambiando sus vidas y llenándolos de su amor, sanando sus corazones heridos y liberándolos de sus vidas de pecado. Ese día eran criaturas nuevas en Jesucristo, nuestro Señor.

Concluyo esta parte con las palabras de San Pablo en Romanos 6, 11: *"Así también ustedes, considérense como muertos para el pecado y vivan para Dios en Cristo Jesús"*. ¡Alabado sea Jesucristo! ¡Alabado sea Jesucristo!

Gracias, Jesús por tu presencia, por tu Palabra, por tu amor que nos libera y sana. Gracias por tu sangre derramada que nos rescata del poder del pecado y de Satanás. Gracias por tu Espíritu que nos hace experimentar la libertad de ser hijos de Dios. ¡Amén!

CAPÍTULO VIII
TE CAMBIÉ POR UN
PLATO DE LENTEJAS

DEBEMOS TENER CUIDADO PARA PERMANECER receptivos a la verdad de Dios, porque su Palabra dice que la tendencia a ignorar su voz aumentará en los últimos tiempos. San Pablo, en su Carta a Timoteo 4, 1, hace la siguiente advertencia: *"En los últimos tiempos algunos renegarán de la fe para seguir enseñanzas engañosas y doctrinas diabólicas. Los seducirán hombres mentirosos que tienen sus consciencias marcadas con la señal de los infantes".*

Hoy en día la vida de mucha gente está llena de una densa oscuridad, y como no conoce el amor que Dios le tiene, decide optar por beber de otras fuentes, llegando a perder lo que Dios tiene reservado a los que les creen.

En la Biblia hay una historia en Génesis 27, 1-39. Trata sobre los hermanos Esaú y Jacob. Ambos eran hijos de Isaac y Rebeca. Esaú era el primogénito, pero Rebeca tenía preferencia por Jacob.

Esaú, heredero de Isaac, regresó de cazar y encontró a Jacob (su hermano gemelo, pero menor por algunos minutos), comiéndose un plato de lentejas. Muriéndose de hambre, Esaú le pidió a Jacob que le diera de sus lentejas. Éste, aconsejado por su madre, le ofreció dárselo, pero a cambio de su primogenitura. Esaú, sintiendo que no aguantaba el hambre, asintió y perdió su primogenitura.

Así pasa con muchas personas que han cambiado su privilegio de ser hijos de Dios, buscando satisfacer su hambre en otros caminos, dejando perder su primogenitura "por un plato de lentejas". Es decir, cambian a Dios por cualquier otro espejismo, por cualquier "dios" alterno que les ofrece alimentar su interior con alimentos perecederos.

Una persona nos cuenta su testimonio de cómo él, por no conocer, dejó de recibir la gloria de Dios, cambiando su privilegio de hijo de Dios por un "plato de lentejas":

"Mi nombre es Arcelio Carvajal. Nací en Panamá hace 32 años, y tengo dos años de haber nacido de nuevo. Estoy casado y tengo dos bellos hijos varones: Daniel de 7 años, y Nicolás, el menor de un año. Es importante mencionar que sólo tengo un año de casado por la Iglesia.

En enero de 2005, mi esposa Sonia y yo estábamos atravesando momentos sumamente difíciles en nuestra relación. En nuestro hogar, si se podía llamarse así, sólo se respiraban conflictos y egoísmo. Simplemente no conocíamos el amor. Pero ¿cómo podíamos conocer el amor si en realidad nunca lo habíamos experimentado a plenitud? Los problemas se multiplicaban. Por más que luchábamos por cambiar, no lo lográbamos: Estábamos estancados viviendo el más horroroso presente.

Al año siguiente llegó el comienzo del final. Sonia no pudo más. Una noche me pidió que me fuera de la casa. Yo también estaba cansado de lo mismo: Las eternas discusiones diarias, las malas actitudes, los comentarios negativos, el sopor que nos rodeaba... eran intolerables. Recogí mis elementos más personales y me marché a casa de mi madre donde conviví en el sofá de la sala por los siguientes cuatro meses. Durante este tiempo, mi vida siguió como hasta entonces: Dando vueltas y tumbos.

Me dediqué a hacer uso irresponsable de mi unilateral libertad, y busqué con desenfreno cuanto encuentro sexual se presentara, sin inmutarme en pensar en mi conducta ruin y reprochable. A fin de cuentas había algo en mi interior que, al pensar en mi esposa y mi hijo, me eximía de culpa. Estábamos separados, ¿no? Pero aunque mi conciencia me eximiera, me sentía hasta cierto punto manchado, y emocionalmente muy atormentado de sólo saber que en ninguna de estas relaciones existía la magia del amor.

Fácilmente me llenaba de falsas ilusiones, y de igual manera las diseminaba. Se convirtió la mentira en el patrón que regía mi vida. En poco tiempo llegué a sentirme tan confuso que no sabía qué quería hacer con mi vida. Nada importaba, sólo tenía una ilusión de vida: Mi hijo Daniel. Sonia, por su parte, seguía tan molesta que no quería saber absolutamente nada de una posible reconciliación.

Cansado de llevar una vida de excesos y banalidad, busqué consejos en amigos y personas que habían pasado por este tipo de experiencia. Hubo aquéllos que me disculpaban y expresaban sólo lo que quería escuchar, los hubo incoherentes y con consejos inapropiados que buscaban tomar ventaja de mi situación.

Inesperadamente, un día mi esposa me invitó a cenar, y en medio de la conversación tocamos el tema de una posible reconciliación. Aunque la idea ya rondaba en mi cabeza de tiempo atrás, no me sentía tan seguro, pues mi mente estaba en otro lado. Aún así, acepté y regresé a mi casa.

La semana siguiente después de haber regresado, mi esposa Sonia tenía su carro en el taller de mantenimiento, así que me pidió mi carro prestado. Me dejaría en el lugar de trabajo y continuaría hasta el suyo. Unos pocos minutos después de haberme dejado, sonó el timbre del teléfono. Al responder, la escucho vociferar bajo un ataque de histeria. El resultado: Había encontrado pruebas de mi más reciente comportamiento lujurioso, y que había ocurrido después de haber regresado nuevamente a casa.

No me comportaba como la persona que quería enderezar su camino. Sonia, por supuesto, afianzó la certeza de mi traición, no esperaba esta nueva desilusión. Regresaron los gritos, insultos y recriminaciones, y al final decidimos que lo mejor era el divorcio.

En medio de la desazón que me causaba el haber sido literalmente encontrado 'con las manos en la masa', me encontré en una penosa situación: Un compañero de trabajo me acusó de robo. Como no conocía nada más aparte de mis 20 años de práctica en brujería y nueve años graduado en santería, fui a visitar a mi 'padrino', con la única intención de buscar solución a este problema.

Sonia, por su parte, seguía asistiendo como cada jueves a las 7:45 p.m. al grupo de oración de la Comunidad Siervos de Cristo Vivo.

Cuando sentí que todo en mi vida estaba terminando y que no veía más allá de mi abismo, de nuevo de manera insospechada llegaba a mí el paisaje entreabierto de una ventana. Recuerdo que durante una invitación a cenar donde tenía oportunidad de visitar a mi hijo, conversaba de manera inusual muy animadamente con Sonia y repentinamente me dijo: 'Negro, encontré la solución de nuestros problemas'. Inmediatamente pensé que se había ganado la lotería, pero en cambio me animó a que asistiera a un retiro espiritual, del cual dijo que estaba completamente convencida de que saldría fortalecido al menos en mi búsqueda de identidad. Tan asombrado como incrédulo respondí: ¿Un qué? En mi vida había escuchado tales proposiciones, no tenía idea de qué se trataba, así que con la finalidad de no echar el momento a perder, acepté. Noté algo extraño en ella: Estaba radiante, feliz, llegué a pensar que yo envidiaba esa paz que era precisamente lo que trataba de robarle.

El 9 de junio del 2006 tomé, como le prometí, el retiro Renacer de Hombres. Ese viernes, Sonia había preparado mi maleta y tenía todo listo para llevarme al lugar del retiro. Yo estaba furioso, maldiciendo: ¿por qué me había metido en esto? Sonia permanecía en silencio, estaba evitando una discusión entre nosotros, sólo se dedicó a escuchar cuanta salvajada salía de mi boca.

Al llegar al lugar del retiro, la Casa de la Anunciación, pensé que Sonia se había convertido en Testigo de Jehová. Me registré, noté que todos los colaboradores tenían una sonrisa amable, se veían felices, simplemente estaban contentos. Por mucho tiempo pensé que tenían cara de cumpleaños. Cuando entramos, escuchaba música rara, pues no la había escuchado antes. Los hombres levantaban las manos y cantaban. Muchos de los que estaban inscritos en el retiro tenían caras como la mía: Duras, inexpresivas. Me parecieron caras de palo. Al igual que muchos de ellos, yo no entendía nada. Hablaron de carismas y que eran carismáticos. En fin, para mí eran protestantes.

Ese fin de semana debo confesar que me pareció interesante. Aunque no tenía muchas expectativas, sentí alegría, gozo, paz, no entendí el concepto de abrir mi corazón. ¿Cómo hacer eso que tanto mencionaron en el retiro?, yo no sabía cómo.

En enero del año siguiente tomé la decisión de dejar de trabajar en el restaurante donde estaba a medio tiempo. Quería comenzar una compañía de catering y trabajar por mi cuenta, manteniendo mi trabajo de tiempo completo durante el día.

Un jueves, Sonia y Daniel salían, como ya era habitual para la Comunidad Siervos de Cristo Vivo, me dirigí a ella con mi usual mofa y le dije: 'Sor Sonia, dile a tus hermanos que si necesitan un cocinero que me llamen'. No pensé que me dijeran que sí. Pero Dios tenía reservado un plan perfecto y me mandó a llamar.

Comencé a ir a las reuniones de los colaboradores, y de vez en cuando uno que otro jueves a la Asamblea de Oración. Me gustaba mucho la prédica de los jueves, encontré muchas enseñanzas y me parecían entretenidos los temas. En las reuniones de los lunes para los colaboradores, comencé a escuchar las oraciones del grupo, ignorando muchas cosas. A veces, escuchaba ruidos raros, era como si fuesen otras lenguas. En realidad, eso era, estaban orando en lenguas, pero yo no sabía lo que era, ni sabía que era un regalo de Dios.

El día del otro retiro llegó a comienzos de marzo. El viernes de nuevo me preguntaba: ¿En qué me he metido? No quería ir de nuevo a compartir, pero fui una vez más maldiciéndolo todo. Cuando llegué, todos estaban con la misma cara de cumpleaños, contentos y atendiendo a los participantes del retiro. Yo sólo quería ir a la cocina, y cumplir con el compromiso adquirido; le había dicho a Sonia que no me quedaría a dormir, y se lo mencioné al compañero asignado para cumplir las labores, llamado Rudy, lejos de imaginar que a través de él, la obra de Dios empezaba a trabajar igualmente en mí. Él me dijo que no había ningún problema en que tocara la puerta cuando llegara a la mañana siguiente, pues él me abriría.

El sábado llegué a las 4:45 a.m. para comenzar a preparar el desayuno. Pero primero Rudy me pidió que lo acompañara a la Capilla. Encendió las luces y me pidió permiso para leerme una cita bíblica. Automáticamente le respondí que sí. Llegó entonces hasta mí un olor muy peculiar, un olor que nos envolvía en un ambiente tenue, parco y agradable. Nunca hasta ese momento había escuchado una cita bíblica. En mi casa desde chiquito nos enseñaron que el que leía la Biblia se volvía loco. Pero este hombre me leía un texto con tal simplicidad que lo entendía todo y me interesé por escuchar. Él rezó y también escuché su oración. Me parecieron tan bonitas sus palabras que las sentí salidas del corazón.

Regresamos a la cocina y entre los cortes de tomates y cebollas, tuve mi encuentro con Jesús Vivo. No era lo que me imaginaba cuando escuchaba los testimonios en mi primer retiro. Yo pensaba que era verlo físicamente, escuchar su voz, verlo como en las estampitas o en las películas, como un rayo de luz… No fue nada así. Jesús toma parte en la vida de nosotros y se manifiesta en nuestra vida con amor. Rudy comenzó a hablarme de Jesús, de su vida, de cómo él era, cómo él y su familia habían cambiado. Me pareció muy íntimo lo que me decía.

No esperaba esto, Jesús mismo estaba ahí hablándome, pidiéndome que me entregara a Él. Vi toda mi vida en un minuto. Me tocó tanto el testimonio de Rudy. Me di cuenta de que yo alababa a Satanás. Sí, me di cuenta que el problema mío era que yo creía en él, y le rendía cuentas a él. ¿Cómo es esto? Simple: Por más de 20 años practiqué la brujería, y por más de nueve años, la santería. Era esto lo que me ataba al mal, a mi miseria. Jesús me habló. Puso en mi corazón y mente esto: '¿Cómo puedes comparar mi sangre entregada en voluntad, a la de un animal sacrificado?'. Quería llorar, pero no lo hice…

El retiro continuó. Fue algo total, no podía esperar más de todo lo recibido. Al final del domingo, cuando ya limpiábamos la cocina, recuerdo haberle dicho a Rudy: 'Quiero irme ya a casa'. Él me preguntó con asombro: '¿Por qué?'. Pensó que no me sentía bien. Le contesté que quería llegar rápido a mi casa y tirar todos los orishas catalogados como 'santos'. Así llegó la Misa de clausura. Vi llegar a mi esposa Sonia y a mi hijo Daniel. Yo estaba muy contento. Esa alegría que yo pensé que estaba plena, no era más que el comienzo de lo que Dios tenía en plan para mí.

Llegué a casa sin decirle nada a Sonia, fui al cuarto donde tenía a los orishas. Los recogí del piso y los puse en caja. Es increíble que al momento de hacer esto vino a mí lo siguiente: Miraba los orishas en el piso donde los tuve por muchos años. Y pensé cuando los recogía del piso, mirando al suelo donde ellos estaban: Sólo Dios y su perfección están en las alturas, sólo a Él fijamos nuestra mirada hacia arriba y levantamos nuestras manos, alma y corazón. Los orishas fueron tirados a la basura. Regresé a casa sintiéndome un nuevo hombre en Cristo vivo.

Después pensé en todo lo que 'me habían dicho' los orishas, de todo lo que me podía suceder como castigo, pero Cristo estaba en mí, a quien entonces podía temer. Éste fue el comienzo de una transformación al cristianismo. ¿Qué enamorado no quiere conocer a su novio o novia? En mi caso, estaba enamorado de Cristo, y quería conocer más de Él y sus obras. Comencé a tomar cursos de evangelización en la Comunidad Siervos de Cristo Vivo. El primer curso fue el 'Felipe'. Sentí una liberación de espíritu. Nunca había recibido tal gracia. Me postré en el piso delante de Jesús que estaba ahí. Cuando oraron por mí los hermanos, impusieron sus manos sobre mí. Yo sabía que ese Espíritu era mi Salvador, Guía, Maestro, y mi Rey.

Me quería embriagar de Dios, dejarme utilizar como elemento de su obra, sentía henchido mi corazón, deseoso de entendimiento. Quería aprender más, colaborar más, y enfoqué mis fuerzas en hacerlo. Cuando uno se enamora de Jesús, todo cambia en la vida de la persona. Me alejé de lo que me ataba, cosas que el Diablo le ata al mundo para que nunca sea pleno. El Cigarrillo, las borracheras, la pornografía, las malas palabras, el odio... Dejar atrás el juntarse con mis amigos que no querían cambiar, ni que yo cambiase.

Regresé a colaborar en Renacer. Fue una experiencia totalmente diferente. Estaba alegre como los demás, como los que un día critiqué. En voluntad propia decidí quedarme a dormir con el grupo. Tenía conmigo un nuevo corazón, el corazón de carne que tanto escuché en mi primer retiro. Trabajé duro ese fin de semana, no paramos, y desde ese entonces lo he mantenido así. Salí contento de ahí, pero Dios nunca para y sigue siempre trabajando en cada uno de nosotros".

CAPÍTULO IX
CON SIGNOS Y SEÑALES

LA EVANGELIZACIÓN ES EFECTIVA sólo cuando es obra de Dios. Cuando evangelizamos, damos a conocer el Reino de Dios en este mundo. Después de Jesús haber sido tentado por Satanás en el desierto (San Lucas 4, 1-2), *"fue a Nazaret, donde se había criado, y según acostumbraba fue el sábado a la sinagoga. Cuando se levantó para hacer la lectura, le pasaron el libro del profeta Isaías; desenrolló el libro y halló el pasaje que se lee: El Espíritu del Señor está sobre mí. Él me ha ungido para traer Buenas Nuevas a los pobres; para anunciar a los cautivos su libertad y a los ciegos que pronto van a ver. A despedir libres a los oprimidos y a proclamar el año de la gracia del Señor.*

Jesús, entonces, enrolla el libro, lo devuelve al ayudante y se sienta. Y todos los presentes tenían los ojos fijos en él. Empezó a decirles: Hoy se cumplen estas profecías que acaban de escuchar".

En este programa de evangelización que Jesús presenta, y que ya había sido profetizado por Isaías (61, 1ss), se destaca que la misión salvadora de Jesús tiene una directa conexión con la salud: Viene a liberar a los ciegos, a los oprimidos, a sanar corazones heridos, a llenarnos de su paz. ¿No es maravilloso su plan?

El Padre Emiliano Tardif, en su libro *"Jesús es el Mesías"*, página 132, decía: *"Evangelizar no es sólo hablar de Jesucristo, sino permitirle actuar para que instaure su salvación en el Mundo. Al Mundo no le basta que hablemos de Jesús, sino que necesita verlo actuar. De otra manera no van a creer en Él".*

Es cierto, muchos evangelizadores son expertos en catequesis pero no conocen realmente a Jesús. Evangelizar es presentar a Jesús, pero no de una manera histórica sino, como decía el Santo Padre Juan Pablo II, con un nuevo ardor. Pero para esto el evangelizador debe tener un encuentro cara a cara con Jesús vivo. Es por eso que el evangelizador en vez de presentar doctrina sobre Jesús, debe tener a Jesús en el corazón.

El Papa Pablo VI hablaba de ser "testigo de Jesús". Un testigo es alguien que ha visto algo. Un testigo de Jesús debe dar testimonio de lo que Jesús ha hecho y está haciendo hoy.

En el Evangelio de San Marcos 16, 15-18, Jesús nos dice: *"Vayan por todo el mundo y anuncien la Buena Nueva a toda la creación. El que crea y se bautice se salvará. El que se resista a creer se condenará. Y estas señales acompañarán a los que crean: En mi Nombre echarán los espíritus malos, hablarán en nuevas lenguas, tomarán con sus manos las serpientes y, si beben algún veneno, no les hará ningún daño. Pondrán las manos sobre los enfermos y los sanarán".*

Existen evangelizadores que sólo les interesa proclamar la Palabra de Dios, pero no creen en los signos milagrosos que deben acompañar la evangelización, a pesar de que para atraer público a los encuentros y retiros en que participan, lo promueven anunciando "oración de sanación". Nunca oran por los enfermos, y si lo hacen sienten temor de esperar a ver lo que Jesús va a hacer.

Es por eso que cada día vemos menos a personas que asisten a estos eventos y hasta muchos templos están vacíos porque la gente está cansada de oír la Palabra y no poder constatar la eficacia de la misma. Ellos necesitan ver las manifestaciones que revelen la victoria de Jesucristo sobre las enfermedades, sobre el pecado.

Cuando en un retiro o asamblea proclamemos el Evangelio de Jesús con "signos" y "señales", los días siguientes asistirán más personas para ver que se cumple la Palabra de Dios. Cada sanación es una nueva oportunidad para mostrar que ¡Jesús está vivo!

En el mes de agosto de 2009, después de predicar en la asamblea que celebramos cada jueves en la Casa de la Anunciación de Miami, recibí una palabra de conocimiento en mi corazón en la que Jesús me decía: *"En estos momentos estoy sanando a una mujer que sufre de sordera, y ella se da cuenta porque en este mismo instante en sus oídos ha sentido una especie de explosión"*. De pronto una mujer joven empezó a gritar con voz fuerte: *"¡Soy yo, soy yo!"*. Así que le pedí que se acercara al micrófono y compartiera su testimonio. Ella comenzó relatándonos el siguiente testimonio:

"Me llamo Consuelo Zapata, soy colombiana. Eran aproximadamente las 2 a.m. de la mañana, en el año 1981, mientras vivía en Colombia: Me ocurrió un accidente. El carro donde yo venía se salió de la carretera y rodó aproximadamente unos 1,500 metros por un precipicio y se detuvo exactamente sobre una piedra grande. Como estaba tan oscuro, no podía ver por dónde podíamos bajarnos del coche, tanto yo como los demás ocupantes. Éramos cinco en total, todos agentes de bienes raíces.

No recuerdo cómo logramos salir del carro, pero una vez fuera, subimos por la pendiente de la montaña en medio de la oscuridad. Ahora que estoy tan entregada a Dios, declaro que fue la mano de Dios que estuvo con nosotros esa noche porque todos quedamos con vida, para la gloria de Dios.

También reconozco que el Señor tenía un plan para mí desde ese momento, puesto que yo no sentía nada. Pero a raíz de ese golpe tan fuerte, perdí la audición del oído izquierdo y comencé a sentir un ruido muy fuerte y luego a experimentar fuertes mareos perdiendo finalmente la audición en los dos oídos, aunque con el oído derecho podía escuchar un poco. Me mudé a la ciudad de Miami en 1994, y en ese mismo año me puse en manos de un buen especialista del Hospital Jackson Memorial, el Doctor Simón Angeli, quien me dijo: 'Su afección no tiene cura. Lo único que puedo hacer por usted es ayudarla a sobrellevar su enfermedad auditiva'.

El Dr. Angeli me sugirió unos ejercicios que me ayudaban un poco a controlar los mareos. Los mareos eran tan fuertes que de un momento a otro comenzaba a sentirme como que estaba en un carrusel a toda velocidad sin detenerse y perdía el control, me sentía morir por lo que tenían que hospitalizarme de emergencia. No me servía ninguna medicina para controlarlos. Así me pasaba meses sin poder trabajar: Me inhabilitaban por cualquier cosa. Mi sufrimiento fue por años hasta que en 2004 me dieron esperanzas. En ese año, el Dr. Angeli me llamó y me dio la noticia de que haciéndome una cirugía de los oídos, me podía retirar los mareos, pero que la audición no me iba a regresar. Así que en el mes de marzo de ese año 2004 me operó. Efectivamente, los mareos desaparecieron, pero mis oídos quedaron en la misma condición: No escuchaba nada del oído izquierdo y del derecho escuchaba muy poco, siempre que me hablaran en tono alto.

En el año 2007, un día jueves, mientras participaba de la asamblea de oración, estaba alabando al Señor. En ese momento el hermano Alfredo Pablo, quien llevaba la predicación de esa noche, detuvo la prédica y anunció una palabra que le venía del Señor que decía: 'En este momento el Señor Jesús está sanando a una mujer que sufre de sordera, y se da cuenta, pues, en este mismo instante en sus oídos ha sentido como una explosión y empieza a escuchar perfectamente'. Eran las 9 p.m. de la noche, y en ese preciso momento yo recibí ese mensaje para mí y sentí un fuerte ruido y una sensación como si en ese instante me quitaran unos tapones de mis oídos. Me levanté y dando un fuerte grito exclamé: '¡Soy yo, soy yo!'. El Señor Jesús me había sanado y podía escuchar perfectamente y sentía una gran alegría, así que pasé al frente, tomé el micrófono y conté mi testimonio y así lo seguiré haciendo siempre para la gloria de Dios.

Usualmente mi esposo me acompaña a los grupos de oración, pero esa noche no fue conmigo ya que él se levanta de madrugada para prepararse, pues entra muy temprano a trabajar. Esa noche no pude contarle nada de lo que me había ocurrido pues cuando llegué estaba profundamente dormido. A la mañana siguiente, y como yo era sorda, él acostumbraba a encender la radio para escuchar el santo rosario y las oraciones de la madrugada, mientras se preparaba para ir al trabajo. Pero esa madrugada, cuando encendió el radio para escuchar las oraciones y canciones, me desperté y le grité que bajara el radio, pues no me permitía dormir.

En ese momento, mi esposo sorprendido, exclamó: '¿Cómo es posible que te hayas despertado si tú eras sorda?'. Y yo le respondí: 'Tú lo has dicho. Era sorda, pero anoche en la Asamblea de Oración mi Señor Jesús me sanó'. Juntos nos abrazamos y le dimos gloria a Dios. Siempre y cuantas veces el Señor me lo pida, voy a seguir contando este testimonio para la gloria de Él".

¡Qué hermoso testimonio! Cuando Jesús sanaba a los enfermos, beneficiaba no sólo al enfermo, sino también a todo el pueblo, pues muchos descubrían que si Jesús era capaz de sanar, tenía que ser el Mesías, con poder no sólo para sanar sino también para perdonar los pecados.

Sanar a una persona sorda también tiene un lindo mensaje, pues significa que Jesús nos sana del egoísmo, del individualismo, de las relaciones rotas con los demás, pues nos permite escuchar a Dios, y abrir la comunicación que se había roto por nuestros pecados.

En Hechos 4, 20 se nos dice que: *"No podemos dejar de hablar de lo que hemos visto y oído"*. Ya no podemos quedarnos esperando que la gente venga a la Iglesia, es necesario salir, ir a buscarlos. El mismo Jesús nos dice: *"Vayan y anuncien, echen fuera los demonios y sanen a los enfermos"*.

Si nosotros ponemos lo poco que tenemos, Jesús pondrá el resto, Él no nos va a fallar.

CAPÍTULO X
JESÚS ESTÁ VIVO Y
PRESENTE EN LA EUCARISTÍA

JESÚS EUCARISTÍA ES EL MISMO JESÚS DE NAZARET que nos ama, nos conoce y nos sana. Lamentablemente muchos no creen y dudan de este maravilloso misterio de nuestra fe. Para ellos, Jesús Eucaristía es como si no existiera porque no se aprovechan de su presencia. Cuando hablamos de Jesús presente en la Eucaristía no estamos hablando de un pedazo de pan sino de Alguien, de una persona: Jesús. Quizás muchos católicos no lo valoran porque su fe es demasiado pequeña para conocerlo bajo la humilde apariencia de un trocito de pan.

Jesús Eucaristía es fuente de amor y sanación para los que se acercan con fe, como lo hizo la mujer hemorroísa.

Al Padre Emiliano Tardif siempre le gustaba orar por los enfermos después que Jesús se hacía presente en la Eucaristía. En su libro *"La vuelta al Mundo sin maleta"*, en la página 19, dice: *"Los signos y las sanaciones están estrechamente asociados al sacramento de la Eucaristía, que es el centro de la vida de la Iglesia"*. Ciertamente Jesús está vivo y presente en la Eucaristía y puede hacer hoy los mismos milagros que hace 2,000 años.

Recuerdo cuando, en la ciudad de Santo Domingo, en el año 1988, Ingrid y yo nos iniciamos en la Comunidad Siervos de Cristo

Vivo. Parte de los compromisos que asumimos cuando entramos a formar parte de esta comunidad fue servir en la Casa de Oración un día del fin de semana cada tres meses. Nuestro servicio consistía en recibir a las personas que visitaban la Casa de Oración para orientarlos, orar por ellos y acompañarlos espiritualmente.

Un domingo, en verano del año 1988, a media mañana, llegó un hombre que traía en sus brazos a su pequeño hijo de unos seis años de edad. Este niño había nacido con problemas en sus piernas que le impedían apoyarse y caminar. Este hombre había agotado todos los esfuerzos por encontrar, a través de la medicina, una cura para la enfermedad de su pequeño. Esa mañana llegó con la esperanza de poder encontrar al Padre Emiliano Tardif para que orara por su hijo, pero grande fue su desilusión al enterarse que el sacerdote estaba en un viaje misionero por Canadá.

Al verlo tan triste y desilusionado, me acerqué y con voz firme le dije: *"El padre Tardif no se encuentra, pero Jesús si está. Jesús está ahí presente en la custodia, esperándote con los brazos extendidos para consolarte y sanar a tu hijo"*. Ante mi insistencia, el hombre aceptó mi invitación y entró a la Capilla, llevando entre sus brazos a su pequeño hijo.

Esa mañana habían llegado pocas personas a la Capilla, pero las llamadas por teléfono habían sido bastantes, por lo que nos distrajimos contestándolas y orando por el teléfono con quienes nos exponían sus necesidades por esa vía. Así pasaron unas dos horas. Nos olvidamos del padre y su hijo enfermo. Pasado un tiempo, empezamos a escuchar unos gritos que provenían del interior de la Capilla; pero por el gran alboroto que se escuchaba no podíamos entender lo que este hombre gritaba.

Asustados, mi esposa y yo corrimos hacia la Capilla. Grande fue nuestra sorpresa al ver que el pequeño ya no estaba en los brazos de su padre, sino que se había levantado del suelo. Estaba de pie y dando pasos. Su padre, sorprendido, pero con gran gozo y agradecimiento a Jesús, gritaba: *"¡Está caminando! ¡No lo puedo creer! ¡Gracias, Jesús, pues Tú vives!"*.

¡Qué hermoso! El Señor lo levantó. Es que la Eucaristía es Jesús presente entre los hombres. Ninguna otra presencia de Dios en el Mundo, ni siquiera a través de su Palabra, puede ser mayor y más eficaz para nosotros.

Él mismo nos lo confirma en San Juan 12, 32: *"Y cuando yo haya sido levantado de la Tierra, atraeré a todos a mí"*. Y es así, pues en la Eucaristía están contenidos verdaderamente y sustancialmente el cuerpo y la sangre junto con el alma y la divinidad de Jesús.

Era el mes de noviembre del año 2011. Mi esposa Ingrid y yo habíamos sido invitados a impartir algunas conferencias en un congreso de sanación que nuestros hermanos de la Casa de la Anunciación de Brooklyn, Nueva York, habían organizado con motivo de la celebración del vigésimo noveno aniversario de la fundación de la Comunidad Siervos de Cristo Vivo.

Era un sábado y después de predicar sobre Jesús como el Buen Pastor, decidimos tener un momento de adoración a Jesús Eucaristía. Pensamos que era adecuado inspirarnos en la lectura del Evangelio de San Lucas 8, 43-48 sobre la mujer hemorroisa (en la que esta mujer, sintiendo la necesidad de tocar el manto de Jesús para quedar sana, se acercó, tocó y ocurrió el milagro).

El diácono que nos acompañaba entraba al salón en procesión cargando en sus manos a Jesús Eucaristía. Luego de recorrer el salón, se colocó la custodia sobre el altar y se pidió a los enfermos que de manera ordenada se acercaran a Jesús.

Desde el momento en que Jesús Eucaristía fue introducido al salón, sentí en mi corazón unas palabras muy fuertes. Jesús me decía: *"Hoy voy a sanar una mujer que tiene muchas dificultades para caminar"*. Así que a partir del momento en que empezaron a acercarse los enfermos hacia Jesús y cada vez que veía una mujer con impedimentos físicos para caminar, le preguntaba a Jesús: *"¿Es ésta Señor?"*. Pero Él siempre guardaba silencio. Transcurrió como media hora, cuando de pronto se acercó una mujer joven de unos 30 años, con muchas dificultades para caminar. Se le observaba que cada paso que daba apoyada en sus muletas, lo hacía con muchos esfuerzos. En ese momento sentí que el Señor me decía: *"Es ésa, acércate y dile que suelte las muletas pues yo le estoy sanando".*

Al verla recordé que dos días antes había observado cómo ella llegaba para participar en la Asamblea que nuestra Comunidad Siervos de Cristo Vivo celebra cada jueves, y con lágrimas en los ojos por el dolor que sentía, se sentó en una silla. Esta mujer es de una corpulencia bastante gruesa, tenía sobrepeso, lo que le causaba gran dolor y dificultad para caminar.

Ese jueves me acerqué para ayudarle a sentarse, y entre llantos me decía: *"Me duelen mucho las heridas de mi rodilla, pues apenas hace unos días que fui operada de los meniscos".* El menisco es un pedazo de cartílago fibroso en forma de letra "C" localizado en la rodilla. Los meniscos son como los amortiguadores de la rodilla.

Así que cuando el Señor me la señaló como la mujer a quien estaba sanando, me sorprendí; pero obedeciendo a su voz, me acerqué a ella. En ese momento la mujer estaba parada delante de Jesús, expuesto sobre el altar, apoyándose en sus muletas. Me acerqué a su tía que la había ayudado a caminar hacia el altar, y con voz firme le dije: *"Entrégueme las muletas, pues ella no las necesita, Jesús la está sanando".* Aunque titubeó, me las entregó. Tomé las muletas y me retiré colocándome a unos quince pies de distancia.

Cuando la joven mujer terminó de adorar a Jesús, pidió sus muletas para caminar pero su tía le informó que no las tenía, que mirara hacia donde yo estaba, pues Jesús decía que no las necesitaba, puesto que la estaba sanando. Como ella insistía en que le devolvieran las muletas, le indiqué que viniera hacia donde yo estaba colocado y que se las entregaría.

Inconscientemente, la mujer empezó a dar pasos para acercarse hacia donde yo me encontraba pero continuaba reclamando que le devolvieran las muletas. Finalmente llegó caminando sin sentir dolor y sin dificultad. Levanté las muletas y le dije: *"¿Para qué las necesitas? ¡Has estado caminando perfectamente, sin dar muestras de dolor!".* En ese momento ella se dio cuenta de que estaba sana y con fuerte voz empezó a gritar en inglés: *"¡Oh my God! ¡Oh my God! ¡Estoy sana! ¡Puedo caminar! ¡Gloria a Dios! ".*

No he visto nada más hermoso que ver a esta mujer al siguiente día, danzando, bailando, dando saltos, sin sentir ningún dolor. Jesús, en el humilde signo del Pan, camina con nosotros como nuestra fuerza y de esa forma nos convierte en testigos de su amor.

En Dallas, Texas, fui testigo de otra sanación celestial, en el año 1993. Una mujer de origen venezolano se encontraba en esa ciudad porque su hijo de apenas unos seis años padecía de una leucemia muy agresiva que estaba terminando con la vida del niño. Madre e hijo viajaron allí en busca de tratamientos médicos.

Por mi parte, yo me encontraba en Dallas participando de un congreso de la Renovación Carismática. Ya había predicado y decidí irme a la Capilla, donde Jesús sacramentado estaba expuesto. Apenas entré, se me acercó esta madre para pedirme que orara por su niño. Ella estaba desesperada porque su hijo se había puesto muy mal y vomitaba sangre. Por un momento me turbé, pues ella sostenía al niño entre sus brazos, como desvanecido, un poco dormido. Me sentí movido por el poder de Dios, tomé al niño, lo introduje en la capilla, me postré ante Jesús sacramentado con el niño cargado entre mis brazos.

De pronto sentí que el amor de Dios me envolvía y empecé a clamar a Jesús con llantos y gemidos. Todo mi cuerpo temblaba y me sentía sacudido por el fuego del Espíritu de Dios. De repente, sentí que el niño rodaba por mis brazos y caía en el suelo, y dando un salto, el pequeño se incorporó y salió corriendo para unirse con otros niños de su edad para jugar. ¡Jesús lo había sanado! En cada Hostia consagrada debemos descubrir al mismo Jesús, el que nació de una Virgen y murió en una Cruz, pero que después de tres días resucitó y hoy está vivo.

Jesús es nuestro Dios y Salvador. Él es, como decía el Padre Emiliano, la salud de los enfermos que viene a sanarnos, a liberarnos, a darnos vida y vida en abundancia. Él es la fuente de vida, el amigo que siempre nos espera en cada sagrario, para bendecirnos y darnos todo lo que necesitamos. Él está deseando bendecirnos como bendijo a ese niño, sanándolo y devolviéndole la salud.

CAPÍTULO XI
¡JESÚS SIGUE VIVO HOY!

EL EVANGELIO DE JUAN narra una discusión que se produjo entre Jesús y algunos judíos, porque el Hijo de Dios sanó a un paralítico en un día sábado. Por esta causa los judíos perseguían a Jesús y procuraban matarle, pero Jesús fue más claro cuando les dijo en Juan 5, 17: *"Mi Padre sigue trabajando, yo también trabajo"*. Cuando leo este evangelio noto realmente que lo que irritaba a esta gente era aceptar y creer que Jesús era el Mesías, aquel Mesías que habían anunciado los profetas y que ellos mismos esperaban, pero aunque estaba frente a ellos no querían reconocerlo.

La razón era que este pueblo esperaba un Mesías de acuerdo a sus propias expectativas y necesidades. Pero a pesar de que Jesús había dado señales, mostrando prodigios y poder que encajaban perfectamente en las profecías que describían al Cristo, estos no podían aceptarle.

En el evangelio de Juan 10, 32-33 Jesús llega a decirles: *"Hice delante de ustedes muchas buenas obras que procedían del Padre, por ¿cuál de ellas me quieren apedrear?"* Los judíos respondieron: *"No te apedreamos por algún bien que hayas hecho, sino porque siendo hombre insultas a Dios, haciéndote pasar por Dios"*. Por ello esta declaración de Jesús despertó en los fariseos una ira incontrolable, pues Jesús decía de sí mismo que él era uno en esencia y naturaleza con Dios.

Pese a estas declaraciones que hoy nos regala Jesús de su deidad, muchos al igual que el pueblo judío en aquellos tiempos, no quieren reconocer ni aceptar a Jesús como el Emmanuel, el Dios con nosotros. Pienso que esta es la principal razón por lo cual muchos no son felices, no tienen paz, viven sin esperanza y más aún, no logran sanarse. Todo porque no creen que Jesús es Dios.

Vivimos en medio de una generación incrédula, pero que tiene una gran sed que no ha sido saciada por nadie ni con nada y que sigue buscando. Esto me hace recordar la sanación de Dani Zuloaga. Estando evangelizando en Barranquilla, Colombia, en el mes de setiembre de 2009, al concluir la enseñanza (y mientras hacíamos Ingrid, mi esposa, y yo la oración por los enfermos), me vino una palabra de conocimiento que decía: *"Aquí hay una mujer de alrededor de 30 años de edad que sufre de artrosis en la rodilla, desafiando al Señor pues no cree que él la puede sanar. Ella vino invitada por una amiga, quien le ayudó a caminar pues tiene dificultad para hacerlo".*

Esperamos unos segundos a ver si la mujer se levantaba y nos daba su testimonio pero nada pasaba, así que insistí de nuevo para que la persona se identificara, pero pasaron unos minutos y al no decir quién era, proseguimos con la oración.

Al día siguiente celebrábamos la última noche del retiro, y comenzamos la jornada con cánticos y alabanzas al Señor. Se notaba una gran alegría y era que Jesús, la noche anterior había sanado y liberado a varias personas. Llegado el momento de la enseñanza, fui invitado a pasar al frente, dos de los servidores, impusieron sus manos y oraron por mí. En el momento que iba a empezar a impartir la enseñanza, fui interrumpido por una señora de unos 30 años de edad, quien me pidió se le permitiera hablar antes de la enseñanza pues quería contarnos un testimonio.

Tomando el micrófono en sus manos empezó a narrar el siguiente testimonio: *"Me llamo Dani y hace dos años fui diagnosticada de artrosis en las rodillas, por lo que tenía mucha dificultad para caminar y me causaba mucho dolor al hacerlo. Anoche, llegué aquí con mucho dolor y como no podía casi caminar, opté por venir en un taxi. En el momento que* ustedes empezaron a hacer la oración de sanación, yo sentía que eso no era verdad y por eso cuando dieron la palabra de conocimiento, pensé que no era para mí, aunque, les confieso que empecé a sentir alivio y más movilidad en mis piernas, no lo creía. Por eso me dije a mí misma: 'Si es cierto que soy yo la persona que está siendo sanada, voy a regresar a mi casa caminando'.

Mi casa queda a unas dos millas de este lugar, y pude regresar caminando sin sentir dolor alguno. Una vez que llegué al edificio donde está ubicado mi apartamento, pensé: 'no puede ser que sea yo la persona que ha sido sanada'. Así que decidí subir por las escaleras y no tomar el elevador. Son seis pisos necesarios para llegar hasta mi apartamento, empecé a subir y cuando llegué lancé un grito y dije: 'Señor perdóname, por no creer en ti, por no creer que realmente tú vives y que me podías sanar'. Así que mis hermanos, estoy hoy aquí dando testimonio de que Dios sí existe y que Jesús es tan maravilloso que me sanó física, moral e interiormente".

Aquel día fue hermoso porque Jesús no dio pruebas de su presencia, acompañándonos y confirmando su palabra.

Leyendo la Primera Carta a los Tesalonicenses 5, 23-24 nos damos cuenta de que Dios promete que él hará en cada uno de nosotros una obra de redención completa en nuestra alma, espíritu y cuerpo, cuando nos dice: *"Que Él, el Dios de la paz, os haga plenamente santos, y que todo vuestro ser, el espíritu, el alma y el cuerpo, se conserve sin mancha hasta la venida de nuestro Señor Jesucristo. Fiel es el que os ha llamado, y Él es quien lo llevara a cabo"*.

Muchos no comprendemos que somos seres formados de tres partes: Espíritu, alma y cuerpo, y que Dios promete cuidar de cada una de las tres partes. Incluso, algunos piensan que Dios se interesa sólo por el espíritu y esto es un error. Dios quiere que disfrutemos de bienestar en nuestra alma, es decir en nuestras emociones, en nuestros pensamientos y en nuestro cuerpo.

Cuando Jesús le dijo a Nicodemo que tenía que nacer de nuevo, Jesús se refería a todo su ser completo. Por eso, al igual que Nicodemo, al nacer de nuevo, ese nacimiento comienza en nuestro espíritu; se realiza por medio de nuestra alma (mente, voluntad y emociones), y finalmente se hace visible a los demás por medio de una demostración de su gloria en nuestra vida física. Esa es la sanación completa del hombre. En toda sanación efectuada por el Señor el principal motivo es su amor. Dios sana porque él es amor y nos ama infinitamente. Jesús sentía un profundo amor y compasión por todos los hombres, y por eso los sanaba y los evangelizaba.

Era el verano del 2012, impartía un retiro en el estado de Minnesota, en la ciudad de Duluth. Este retiro debía concluir con un servicio de sanación ante Jesús sacramentado. La Eucaristía había sido entronizada en la custodia y mientras hacia la oración por los enfermos, una mujer joven empezó a dar gritos en alta voz, y a decir que estaba recuperando la memoria; su nombre era Vilma.

Vilma juega la posición de portera en un equipo de fútbol femenino en dicha ciudad. Dos semanas antes había sufrido un golpe en la cabeza durante un partido. Ella trató de impedir que el balón entrara en su portería, se lanzó e inesperadamente se golpeó la cabeza con el poste del arco. En ese momento, Vilma quedó inconsciente y fue conducida de emergencia al hospital, recuperando el conocimiento unas tres horas más tarde.

Desafortunadamente, como consecuencia del golpe, Vilma perdió la memoria, es decir que no podía recordar absolutamente nada. Ese día del retiro Vilma fue llevada a la Iglesia, para que un sacerdote le ministrara el sacramento de la unción por los enfermos. Cuando llegaron a la Iglesia se enteraron que el sacerdote estaba celebrando la Eucaristía, por lo que no le podría atender en ese momento. Por ello, alguien en la Iglesia le sugirió al esposo que la llevara al salón donde se celebraba el retiro de sanación, pues en ese momento se estaba orando por los enfermos.

Fue precisamente durante la oración que Vilma empezó a recordar y a tener conciencia del lugar donde estaba y de las personas que la rodeaban. ¡Qué hermoso fue ver a Vilma tomar el micrófono para contarnos su testimonio y relatar su experiencia!

En este Mundo donde la gente está tan enferma en el espíritu y en el cuerpo, si conocieran mejor a Jesús y se acercaran más a Él, comprendieran que hoy como ayer, Él es el mismo y que movido por el amor que nos tiene y con el poder que ha recibido del Padre puede y quiere sanar a los enfermos.

Cuando digo sanar quiero decir también salvar, pues Jesús quiere salvar al hombre completamente. Esto me hace recordar también el siguiente testimonio: Era el mes de setiembre del año 2012, había llegado a la Casa de la Anunciación de Miami para atender algunos asuntos de la Comunidad.

La Casa de la Anunciación de Miami es la casa madre de la Comunidad Siervos de Cristo Vivo - Provincia de los Estados Unidos. En el momento en que entraba al edificio, me detuvo una señora de unos 63 años de edad. Se identificó como María, de origen nicaragüense. Ella me decía, que durante la cuaresma de ese mismo año, fue invitada por una amiga a un retiro que impartimos siempre para este tiempo litúrgico.

María relató que en el momento que entró en el salón donde se efectuaba el retiro, fue recibida por mí, y en un impulso del Espíritu Santo la abordé y le dije: "Bienvenida, el Señor estaba esperando este día para mostrarte cuanto te ama". Ella dice que en ese momento, cuando escuchó estas palabras, todo su cuerpo se estremeció y sintió que había llegado a un lugar de encuentro con Dios.

Esa noche se hizo un servicio de sanación durante la asamblea y mientras oraba, sentí en mi corazón la siguiente palabra: *"En esta asamblea hay una mujer que tiene mucho dolor en su brazo derecho, es una inflamación severa que le impide mover su brazo y levantarlo, pero en este instante, ella está sintiendo un calor que le envuelve toda esa área. Es el amor sanador de Jesús que la esta sanando y ya puede mover y levantar su brazo. Le pedimos que haga el esfuerzo y de un paso en fe, para que pueda darse cuenta que ya Jesús la ha sanado".*

En ese momento, según narró María, ella sintió en su corazón una gran ternura de parte de Dios, y me dijo con un gran gozo: *"Mire Alfredo Pablo, la sanación de mi brazo fue hermosa, pero lo más bello fue conocer a Jesús, descubrir que es Dios y que realmente está vivo, tal como ustedes lo proclaman. Desde ese día mi vida tiene sentido, vivo alegre y dándole gracias a Dios por haberle encontrado. Valoro El Sacrificio de Jesús en la Cruz y todo lo que él sigue haciendo por mi".*

¡Qué hermoso! La sanación de su brazo, despertó la fe en esta mujer. La curación siempre ocurre si hay fe. Este tipo de fe absoluta, creo, es la que demuestran tener las personas que toman la palabra de Dios como su norte. Ahora debemos considerar que a pesar de que algunos tienen fe, no siempre se sanan, y esto es porque que Dios a veces permite una enfermedad para conceder otro bien mayor.

Ese día María encontró a Dios, pues el divino Espíritu le reveló a Cristo. El Papa Francisco en su homilía del 28 de abril de 2013 puntualizó: *"Es la acción del Espíritu Santo la que nos trae la novedad de Dios, viene a nosotros y hace nuevas todas las cosas, nos cambia".*

En el año 2013 visité Ciudad Juárez, en México, para participar de un Congreso de Sanación de la Renovación Carismática. Este encuentro se realizó en un almacén que fue donado por una empresa maquiladora, la cual había sido cerrada por la pérdida de mercado, al igual que muchas empresas de Latinoamérica han perdido frente a la producción de los países asiáticos, que mantienen un nivel de costo de operación muy por debajo del de otros países en cuanto al salario por la mano de obra.

Una maquiladora es una empresa que importa materiales sin pagar aranceles, su producto final se comercializa en el país de origen de la materia prima. La mayoría de estas maquiladoras están ubicadas en el lado mexicano de las ciudades fronterizas con Estados Unidos, como Ciudad Juárez. Fue debido a la reducción en el trabajo de los textileros que este almacén quedó desocupado y razón por la cual fue cedido a la Renovación Carismática de Ciudad Juárez.

Era domingo en la tarde y el congreso estaba por concluir con la Eucaristía, por lo que al final de la celebración religiosa me pidieron hacer una oración por los enfermos. Durante el momento de la oración recibí una palabra de conocimiento en la que Jesús me decía que estaba sanando a un hombre que había llegado en algo mecánico. En ese momento me sentí confundido, pues no entendía si lo que Jesús me estaba diciendo era que en el cuerpo de ese hombre existía una pieza de metal o si ese hombre estaba montado en algún equipo de metal.

Aunque un poco confundido por la forma en cómo me había llegado esa palabra de conocimiento, pero con la certeza en mi corazón de que esa sanación estaba ocurriendo, empecé a esperar que este hombre se levantara y diera su testimonio. El salón donde se celebraba este congreso estaba abarrotado de gente, que habían venido porque habían escuchado que Jesús estaba allí para sanar a los enfermos, devolverles la vista a los ciegos y liberarlos de todas sus dolencias físicas o espirituales.

Desafortunadamente el salón había sido construido de tal forma, que donde se había colocado el escenario había dos columnas para soportar el techo y por lo cual me era muy difícil tener una vista panorámica completa de todo el salón. Pasaron unos 10, 20, 30, 40 segundos, y nadie se levantaba para confirmar esa sanación. De pronto al fondo del salón hacia el lado derecho se empezó a escuchar un murmullo que fue lentamente reemplazado por gritos de júbilo, llantos y aplausos, pero debido a mi ubicación, las columnas del edificio me impedían ver lo que estaba ocurriendo.

Los aplausos y las alabanzas a Dios seguían aumentando. Fue entonces cuando me pude ver la figura de un hombre de unos 60 años, que venía caminando con pasos muy lentos hacia la tarima donde me encontraba ubicado. Delante de este hombre, venían unas diez personas, quienes con llantos y gestos de agradecimiento, levantaban sus brazos para glorificar a Dios por lo que estaba haciendo. Finalmente este hombre, acompañado por sus familiares pudo llegar hasta el escenario.

En ese momento, dándome cuenta de que todavía le resultaba un poco incómodo moverse, decidí bajar de la tarima para tomar su testimonio. Le acerque el micrófono a su boca para que nos contara con sus propias palabras lo que le había ocurrido, y cómo Jesús le había sanado. Sin embargo, el hombre no pudo responderme, pues él había perdido el habla. Fue su esposa quien con llantos y gritos de gozo empezó a narrarme el siguiente testimonio:

"Mi esposo (para propósitos de este libro omitimos su nombre) era mecánico. Un día mientras realizaba su labor reparando un carro se introdujo en el túnel (una especie de hueco que existe en algunos talleres de reparación donde el mecánico se coloca debajo del vehículo en posición vertical), y al remover una pieza, no la pudo retener y le golpeó la cabeza causándole fuertes contusiones y daños cerebrales. A pesar de haberlo sometido a varias cirugías de cráneo, el daño fue tan severo que le causó inmovilidad en sus piernas y brazos, así como la pérdida del habla".

En pocas palabras, las funciones motoras de todo su cuerpo, incluyendo sus órganos quedaron totalmente afectados, por lo que en este hombre todos sus movimientos e incluso el habla quedaron confinados en una silla de ruedas por más de diez años (ahora entiendo lo que Jesús me decía sobre la pieza de metal). Pero aquel día, Jesús lo estaba levantando para confirmarle a todos los allí presentes, que él sigue vivo y cumple sus promesas de estar con nosotros hasta el fin de los tiempos.

Pero todo no quedo allí. Al año siguiente, en 2014, fui invitado de nuevo por la Renovación Carismática de Ciudad Juárez junto a mi esposa Ingrid, para predicar en un Congreso de Familias. Este evento fue celebrado justo en el mismo lugar que el año anterior, el local de la Renovación Carismática (antiguo almacén de la maquiladora).

Ese sábado el lugar estaba abarrotado de personas, y como parte de las actividades se programó realizar una Hora Santa. Luego de que el sacerdote entronizó al Señor en la custodia, hicimos una oración por los enfermos. Después de escuchar algunos testimonios de las sanaciones recibidas mediante las palabras de conocimiento que recibimos, tomé el micrófono y le pedí a los presentes que si alguno quería venir al frente para agradecerle de rodillas a Jesús Sacramentado por alguna bendición especial recibida.

Grande fue mi sorpresa cuando de repente, un hombre que desde el público empezó a caminar hacia el frente, subió los cinco peldaños de la escalera y se arrodilló delante de Jesús Sacramentado. Acto seguido, levantó sus brazos y exclamó fuertemente: *"Gracias Jesús, porque cuando tu sanas, lo haces completo, y así lo has hecho conmigo"*.

Al escuchar aquella exclamación de agradecimiento levanté mi mirada hacia este hombre y fue entonces cuando me di cuenta que era aquel mecánico que conocí en septiembre de 2013 durante el congreso de sanación y que Jesús sanó de todos los daños causados por una pieza en un accidente laboral mientras reparaba un carro.

Fue en ese momento cuando vinieron a mi mente las palabras de San Pablo en Corintios 15, 17 que dicen: *"Más gracias sean dados a Dios, que nos da la victoria por medio de nuestro Señor Jesucristo"*, así que empecé a dar gracias y a glorificar a Jesús por permitirme una vez más contemplar sus maravillas, por ver su victoria sobre los frutos del pecado.

Concluyo con el siguiente testimonio que viví en la ciudad de Villa Hermosa, en el estado mexicano de Tabasco. Era el mes de septiembre de 2014, y había sido invitado a predicar junto al cantante y predicador Roberto Ramírez al Congreso de la Renovación Carismática. El domingo por la mañana (que era el segundo día del encuentro de dos días), se celebró en un estadio de béisbol que estaba completamente abarrotado de hombres, mujeres, jóvenes y niños, que habían venido para saciar su sed espiritual; es decir, a llenar ese vacío de sus corazones con Jesús.

Todos habían escuchado el clamor de Jesús cuando dice: *"Si alguno tiene sed, que venga a mí y beba. El que crea en mi -como dice la escritura- de su interior brotaran ríos de agua viva"*, (Juan 7, 37-38). Era cerca del mediodía y me encontraba concluyendo la enseñanza que impartía, *"Jesús nos sana hoy"*, cuando empezó la procesión en la que el sacerdote traía en sus manos una custodia que contenía en su interior a Jesús Sacramentado.

En vista de que se había colocado una tarima en el centro del estadio, la procesión debía concluir en el escenario donde se preparó un altar, para allí exponer a Jesús. Una vez colocada la custodia sobre el altar, se me pidió junto a Roberto dirigir una oración por los enfermos. Cuando tomé en mis manos el micrófono para hacer la oración, de pronto se abrieron mis ojos espirituales y sentí la presencia de Jesús en el lugar. En ese momento pedí a todos los allí presentes que hicieran silencio, pues Jesús estaba acompañándonos y quería manifestarse.

De repente él estaba allí. Su presencia era tan real para mí como lo es para ti el libro que ahora lees. Sentí su presencia y le dije a la gente: *"Jesús esta aquí"*. De repente mi cuerpo empezó a temblar, como si alguien hubiera agarrado mi cuerpo y comenzado a sacudirlo. Fue entonces cuando sentí en mi corazón su palabra que me decía: *"Estoy aquí, he venido a liberar y a sanar a los que han venido buscándome, ponte de pie, y mira hacia el lado derecho de las gradas, porque desde la derecha hacia todo el espacio empezare a pasar y según vaya pasando estaré sanando"*. De pronto empecé a escuchar claramente mediante palabras de conocimiento lo que él estaba haciendo y decía: *"En la parte de arriba de las gradas, de este lado derecho, estoy liberando a tres personas que estaban atadas al culto de la santa muerte"*. En ese instante pude ver como esas tres personas empezaron a mover sus cuerpos y a dar gritos, como alaridos y caían al suelo, liberadas por Jesús.

Y así continuo el Señor dándome a conocer a las personas que eran sanadas de ceguera, sordera, enfermedades del corazón, dolores de espalda, brazos, piernas, y enfermedades intestinales, entre otras. Mientras estaba dando a conocer por las palabras de conocimiento que recibía, las personas se levantaban de sus asientos para dar testimonio de las sanaciones que experimentaban.

De todas las sanaciones que Jesús hizo ese día, comparto una que me impactó de gran manera. Fue la de una mujer que no podía caminar, fruto de una caída que había sufrido. En el momento que recibí la palabra de conocimiento, la comuniqué de la siguiente manera: *"En las gradas, en los asientos de arriba, hay una mujer que no puede caminar, por un accidente de trabajo, en la que sufrió una caída. Pero Jesús te dice levántate, que te estoy sanando"*.

Pasaron unos segundos, que para mi parecieron toda una eternidad, y la mujer no se levantaba. Pero en ese instante, Jesús completó lo que estaba revelándome para completar la sanación, y decía Jesús: *"Esta mujer no puede caminar, pues fruto de esa caída, ella tiene una pierna más corta que la otra, por eso ¡levántate!, que cuando lo hagas serás sanada por completo"*. En ese instante, desde la parte superior del estadio, se levantó una mujer dando gritos, exclamando con voz fuerte: *"¡Soy yo, soy yo!"*.

En ese instante la invité a acercarse al escenario, para que compartiera su testimonio. La mujer llegó repleta de gozo y relató el siguiente testimonio: *"Cuando escuché la palabra, sentí un calor que invadía todo mi el cuerpo, pero me quedé sentada. Pero cuando usted insistió que me tenía que levantar, en fe así lo hice. Me apoyé de los brazos del banco donde estaba sentada, y cuando me levanté sentí como si alguien estiró mi pierna derecha. Sentí que se alargó y me pude sostener firme en mis dos piernas. Sentí un impulso y empecé a descender por las escaleras para llegar hasta aquí"*.

¡Qué hermoso! Jesús la había sanado. Los allí presentes en ese estadio se pusieron de pie en una explosión espontánea de alabanza, y el ministerio de música empezó a interpretar *"Baja el río"*, una canción que les encanta a los mexicanos, y que mientras se entona van haciendo gestos en cuclillas como si en verdad estuvieran descendiendo a un río.

De igual manera como los allí presentes participaban en esta danza de gozo, así también lo hacía esta mujer como para decir con sus gestos: *"Miren la sanación es real y completa, ¡aleluya!"*.

Quisiera concluir este capítulo con la oración que el Padre Emiliano Tardif, M.S.C., hacía siempre que oraba por los enfermos:

ORACIÓN DE SANACIÓN

Señor Jesús, creemos que estás vivo y resucitado.

Creemos que estás realmente presente
en el Santísimo Sacramento del altar
y en cada uno de nosotros.

Te alabamos y te adoramos,
por venir hasta nosotros
como Pan Vivo bajado del cielo.

Tú eres la plenitud de la vida.

Tú eres la resurrección y la vida.

Tú eres, Señor, la salud de los enfermos.

Hoy queremos presentarte a todos los enfermos,
porque para Ti no hay distancia
ni en el tiempo ni en el espacio.

Tú eres el eterno presente y Tú los conoces.

Ahora, Señor, te pedimos
que tengas compasión de ellos,
para que todos reconozcan que Tú estás vivo
en tu Iglesia hoy;

y que se renueve su fe y su confianza en Ti;
te lo suplicamos, Jesús.

Ten compasión de los que sufren en su cuerpo,
de los que sufren en su corazón
y de los que sufren en su alma
que están orando y oyendo los testimonios
de lo que Tú estás haciendo
por tu Espíritu renovador
en el mundo entero.

Ten compasión de ellos, Señor.

Desde ahora te lo pedimos.

Bendícelos a todos
y haz que muchos vuelvan a encontrar la salud,
que su fe crezca y se vayan
abriendo a las maravillas de tu amor,
para que también ellos sean testigos
de tu poder y de tu compasión.

Te lo pedimos, Jesús,
por el poder de tus santas llagas,
por tu Santa Cruz y por tu preciosa sangre.

Sánalos, Señor.

Sánalos en su cuerpo,
Sánalos en su corazón,
Sánalos en su alma.

Dales vida y vida en abundancia.

Te lo pedimos por intercesión
de María Santísima, tu madre,
la Virgen de los Dolores,
quien estaba presente, de pie, cerca de la cruz.

La que fue la primera en contemplar
tus santas llagas
y que nos diste por madre.
Tú nos has revelado
que ya has tomado sobre Ti
todas nuestras dolencias
y por tus santas llagas hemos sido curados.

Hoy, Señor, te presentamos en fe
a todos los enfermos que nos han pedido oración
y te pedimos que los alivies en su enfermedad
y que les des la salud.

Te pedimos por la gloria del Padre del cielo,
que sanes a los enfermos
que van a leer esta oración.

Haz que crezcan en la fe,
en la esperanza,
y que reciban la salud para gloria de tu Nombre.

Para que tu Reino siga extendiéndose más y más
en los corazones,
a través de los signos y prodigios de tu amor.

Todo esto te lo pedimos Jesús,
porque Tú eres Jesús,

Tú eres el Buen Pastor
y todos somos ovejas de tu rebaño.

Estamos tan seguros de tu amor,

que aún antes de conocer el resultado
de nuestra oración en fe, te decimos:
Gracias Jesús por lo que Tú vas a hacer
en cada uno de ellos.

Gracias por los enfermos
que Tú estás sanando ahora,
que Tú estás visitando con tu misericordia.

Gracias, Jesús,
por lo que Tú vas a hacer.

Lo depositamos en tus manos desde hoy
y te pedimos que lo sumerjas en tus santas llagas.

Que lo cubras con tu sangre divina,
y que a través de este mensaje
tu corazón de Buen Pastor hable a los corazones
de tantos enfermos que van a leerlo.

¡Gloria y alabanza a Ti, Señor!

CONCLUSIÓN

RESULTA DIFÍCIL TERMINAR ESTE LIBRO, pues son tantos los signos y prodigios de los que he sido testigo, que es casi imposible callar. Cada nuevo día es un nuevo amanecer en la fe y un nuevo despertar al amor de Dios.

Estoy particularmente entusiasmado con los cristianos renovados que cada día descubren ese nuevo nacimiento, no sólo de agua sino también de Espíritu. Como Nicodemo, están experimentando un cambio dentro de ellos que les está permitiendo ver el Reino de Dios aquí en la Tierra; que les hace descubrir, en el ministerio de Jesús, una acción divina, original y auténtica, y así admiten que Jesús es Dios.

Cada uno de nosotros, como nueva criatura que es en Cristo Jesús, debería esperar tener una experiencia sobrenatural en su caminar con Jesús. Somos hijos de Dios y el poder del Espíritu Santo vive en nosotros. La Palabra de Dios nos dice que somos templos del Espíritu Santo. Dentro de cada cristiano vive el Dios que creó el Universo y todo lo que hay en él; el Dios que sana a los enfermos y resucita a los muertos.

En la Palabra de Dios, en San Juan 14, 12-13, Jesús dice: *"El que crea en mí hará cosas mayores, y lo que ustedes pidan en mi nombre yo lo haré".* Y todo porque Jesús fue al Padre celestial.

Cristo dijo a sus discípulos justo antes de ascender a los Cielos: *"Van a recibir una fuerza, la del Espíritu Santo, que vendrá sobre ustedes y serán mis testigos en Jerusalén, en toda Judea y Samaria y hasta los límites de la Tierra"*, (Hechos 1, 8).

En el día de Pentecostés, Jesús envió a los discípulos el poder que les había prometido. En el resto del libro de los Hechos de los Apóstoles se nos cuenta cómo estos discípulos, llenos del Espíritu Santo, dieron testimonio poderoso del Señor que obraba a través de ellos, y confirmaba la Palabra con signos y señales que les acompañaban.

Jesús es el mismo, ayer, hoy y siempre. La experiencia de Pentecostés es la misma, y cada uno de nosotros debe buscar los mismos frutos, para que de esa forma podamos dar a conocer a un Jesús vivo, que sana y libera hoy, como lo hizo durante su vida pública.

Muchas veces nos pasa que tenemos en nuestro interior el fuego del Espíritu Santo y no nos damos cuenta. No podemos hacerlo si permanecemos fríos e indiferentes a la Palabra de Dios.

Los discípulos de Jesús, sus siervos de hoy, debemos ser antorchas de fuego, y transmitir a otros ese fuego, ese ardor, el poder sanador de Jesucristo donde quiera que estemos. Tratemos y luchemos por ser fieles a los deseos de Jesús para que cada día estemos más dispuestos a darlo a conocer con signos, señales y prodigios. Así cuando la gente vea, crea que Jesús está vivo hoy en medio de nosotros.

SOBRE EL AUTOR

ALFREDO PABLO NACIÓ EN LA ROMANA, REPÚBLICA DOMINICANA. Cursó sus estudios en su país natal y en Estados Unidos de América. Trabajó en las aéreas de finanzas y bancarias.

En 1986 tuvo su encuentro personal con Jesús en Santo Domingo, en un retiro que fue dirigido por el Padre Emiliano Tardif, y que cambió el rumbo de su vida por completo.

Está casado con Ingrid Michelén de Pablo, con quien ha procreado tres hijas, Clara, Ingrid Michelle y María.

Entró a formar parte de la Comunidad Siervos de Cristo Vivo, junto a su esposa Ingrid, el mismo año que encontró al Señor en su corazón.

En el año 1990, la familia Pablo Michelén se mudó a Miami, Florida, y tres años más tarde, en junio del 1993, fundó junto a su esposa la primera Comunidad Siervos de Cristo Vivo en Estados Unidos.

Los esposos Pablo han trabajado arduamente en la fundación de varias comunidades en Estados Unidos. Han ayudado a fortalecer los lazos familiares a muchas personas, a través de retiros de sanación para parejas.

Alfredo es un evangelizador que a través de sus talleres, grabaciones de audio y video, programas radiales y televisión, ha llegado a miles de personas. Éste es su primer libro, para la gloria de Dios.

BIBLIOGRAFÍA

✓ Jesús Está Vivo
  Tardif, Emiliano M.S.C., Prado, Flores H. José

✓ La vuelta al mundo sin maletas
  Tardif, Emiliano M.S.C., Prado, Flores H. José

✓ Emiliano Tardif, un hombre de Dios
  Sangiovanni, María A.

✓ Biblia de Jerusalén
  Desclee de Brouwer

MÁS DEL AUTOR

Alfredo Pablo, Junto a su esposa Ingrid, formaron el ministerio "Sanandonos" que esta basado en la sanación interior y fisica del ser humano. Imparten retiros para matrimonios y parejas, ayudando a reestablecer sus relaciones "Sanando nuestras relaciones maritales".

Además es fundador del Ministerio de Intercesión "Multiplo de los Siete", que ha ayudado a crear ministerios de intercesión en grupos y parroquias de diferentes países.

Alfredo es autor de diferentes talleres de crecimiento y sanación tales como:

- El Señorío de Jesús
- Samuel, Elías y Eliseo, Perfil de un Lider
- Josué, un lider probado
- Inimidad con Dios
- Camino de Fe en un Mundo Perdido
- Venciendo tus Temores
- Taller de Intercesores, Uniendo el Cielo con la Tierra
- De las Tinieblas a la Luz
- Retiros de Sanación Interior Renacer 1 y Renacer 2.

Escríbenos a: sanandonos@hotmail.com.